ビジネスパーソンのための

Behavioral economics for business people

使える行動経済学

ナッジ理論で人と組織が変わる

竹林正樹 青森大学客員教授

大和書房

はじめに――行動経済学でビジネスのすれ違いは防げる

私はビートルズが好きです。

なかでもお気に入りの曲は「Hello, Goodbye」です。その歌詞は、「あなたが『いいね』と言えば、私は『そうかな』と答え、あなたが『止まろう』と言えば、私は『進もう』と言う。あなたが『なぜなの？』と聞くと、私は『わからないなぁ』と答える」……といったように、かみ合わない会話が続きます。

お互い好きなのにすれ違っている青春の1シーンと考えると、甘酸っぱく感じます。

しかし、このようなすれ違いがビジネスで起きたら、組織の一大事です。

「真意がうまく伝わらず、つい声を荒らげてしまった」

「若手から面白い企画が提案され、鍛えるために厳しい指示をしたら、やる気を失ってしまった」

「優秀な若手が人間関係を理由に急に辞めてしまった」

「若手に気を使っているうちに、どんな指導をすればよいかわからなくなってきた」私はいろんな組織のコンサルティングに携わる中で、このような悩みをよく耳にするようになりました。

各種調査では、若手の退職理由の上位に、「職場の人間関係が好ましくなかった」が入ります。確かに昔から、職場に対する不満や、上司と部下の間に溝はありました。それでも、少し前までは「黙って上司の言うことに従え。嫌なら辞めろ」が通用したものです。でも、この旧来の手法をとってしまうと、今なら若手の流出が止まらなくなります。近年、日本の労働人口が減っている中で、辞めた人材をすぐに補填できるほどの余力がある組織は少ないことでしょう。

私は、仕事そのものに不満がある場合や、本人が職務の適性に疑問を感じた場合には、その職場から卒業することは望ましいことだと考えています。しかし、仕事は好きなのに、「指示のされ方が嫌」「人間関係に疲れた」を理由に辞める事態は防ぎたいのです。

コミュニケーションのすれ違いで起こる悲劇を避けるため、私は研究を続けてきました。そしてアメリカの大学院時代、それを解明するための学問、「行動経済学」に出会ったのです。

■ 行動経済学は多くの人が待ち望んでいた学問

行動経済学に触れる前に、まずは「経済学」がどんな学問なのかを紹介しましょう。

経済学は「有限なリソース（人・物・金）をいかに配分して、満足度を高めていくかを追求する学問」で、そのために「人をどう動かすか？」がテーマになります。

経済学は伝統的に「人は合理的に行動する」という前提を持ち続けてきました。人々が合理性を持っているからこそ、「このようにアプローチすると、人はこう動く」と予想できると考えられてきたのです。

しかし、実際には人は常に合理的な行動ができるわけではありません。

例えば「ダイエットを決意した人が菓子パンを目にした」という場面を考えてみます。伝統的な経済学は「そもそも合理的な人はダイエット中に菓子パンを食べないが、たまたま栄養情報を持っていない場合は情報を提供すると食べなくなる」「それでも食べる人がいたとしたら、菓子パンが安すぎるからであり、値上げすれば買わなくなる」と考えます。

しかし、実際には違いますよね。菓子パンがダイエットの敵だとわかっていても、目の前にあると誘惑に負け、「今日だけ」とか「これが最後だから」と、言い訳をたくさん作り上げて、結局は食べてしまうことも多いのです。

伝統的な経済学の理論は正論すぎて、現実社会ではその通りにいかない場合も見られるようになりました。そのため、時に不合理な判断をしてしまう人の満足度の最大化を追求する学問が求められるようになりました。それが行動経済学です。行動経済学の「行動」は「あまり合理的ではない行動」とイメージするとわかりやすいですよね。行動経済学は「あるある、そうだよね」と思わず言いたくなるような手法が満載されている、多くの人が待ち望んでいた学問なのです。

■ナッジで自発的に動く

行動経済学の中心的な理論が「ナッジ」です。ナッジは「ひじで軽くつつく」「そっと後押しする」を意味する英語で、「心理の特性（これを「認知バイアス」と呼びます）に沿って、つい行動したくなるように後押しするような設計」というニュアンスで用いられます。ナッジ提唱者のリチャード・セイラーが２０１７年にノーベル経済学賞を受賞したこともあり、近年、日本でもナッジが注目されています。政府の戦略にもナッジが掲げられ、ナッジは人を動かす方法として推奨されるようになりました。ビジネスシーンでもナッジを活用できる場面が増えてきました。

私は、ビジネスでのすれ違いにおいて上司に対して「思いやりが足りない」、若手に対して「すぐに辞めるだなんて我慢が足りない」などと正論を言う気は毛頭ありません。行動経済学の研究を通じ、「常に正論通りに行動できる人はほとんどいない」ということを知ったからです。

本書は、職場のコミュニケーションに悩む全ての人に向けて書きました。すれ違いの背景にある認知バイアスを明らかにし、ナッジによる解決策を提案していきます。私は研究者でもあります。これまで仕組みやコミュニケーションの方法を変えることで、認識や行動がどう変わるのかを実験し、学会や論文で発表してきました。研究を通じ、自分の経験や勘だけに頼るよりもエビデンス（客観性や再現性がある科学的根拠）の力を借りたほうが効果があることを学びました。

本書ではエビデンスがある事例を中心に紹介していますが、それだけではカバーできない部分もあります。そこで私がコンサルティングで寄せられた相談や私自身のエピソードも含め、いろんな切り口から話題をお届けします。中央官庁もあれば、地方自治体、医療機関、大企業、ベンチャー企業、個人事業主と幅広い事例を集め、組織が特定できないよう多少の改変を加えました。ぜひあなたも、自分自身や周囲の人たちのことを思い浮かべながら読み進めてください。

本書は岡田芳樹さん（MS&ADインターリスク総研株式会社、上席研究員）、北村早紀さん（株式会社KICONIA WORKS、プロジェクトマネージャー）、信田幸大さん（カゴメ株式会社、健康事業部担当課長）というチームでディスカッションしながら完成させました。併せて仲良しの柴田喜幸さん（産業医科大学産業医実務研修センター、教育教授）、坪谷透さん（一般社団法人みんなの健康らぼ、理事、総合内科専門医）、畑井謙吾さん（A-VENTURES株式会社、代表取締役）、堀田秀吾さん（明治大学、法学部教授）、松尾慎二さん（日鉄テックスエンジ株式会社、大分支店長）から、多くのインスピレーションをいただきました。最強のチームワークで完成した本書には行動経済学の要素がふんだんに盛り込まれ、皆さんが集中力を切らさずに一気に読めるようになっています。

行動経済学を理解するにつれ、「認知バイアスに腹を立てても仕方がない」「なんだ、皆同じじゃないか」という気持ちになります。

私も行動経済学を学んでから人間関係のトラブルはほとんどなくなり、「頭でわかっていてもできないことだらけの自分」を許せるようになりました。おかげで私はだいぶ生きやすくなりました。

本書が人間関係のすれ違いを改善するお役に立てたら、私は心から嬉しく思います。

著者を代表して　竹林正樹

第1章

すれ違いの原因・認知バイアス
——見えている世界がこんなに違う

第2章 人を動かすには？ ——認知バイアスが強い人にこそ、ナッジを

第3章 成果が出ないと感じたら
——労働生産性を高めるためのナッジ

第4章

モチベーションが低くなったら
——やる気を引き出すためのナッジ

第5章 働きやすい職場環境を作るには？
――居心地のいいオフィスのためのナッジ

第6章 ビジネスパーソンの行動経済学
——行動経済学は人生を変える

第1章

すれ違いの原因・認知バイアス

―見えている世界がこんなに違う

コミュニケーションのすれ違いの原因がわからないままだと、頑張れば頑張るほどすれ違いが広がる事態も生まれます。

第1章では、すれ違いの要因である「認知バイアス」の特性を明らかにしていきます。

行動は直感が決める

他人とのすれ違いを考える前に、まずは自分自身の中で起きているすれ違いの問題から考えていきます。自分自身にうまく行動指示ができないのに、他人に自分の考えを完璧に伝え、その通りに行動してもらうのは、さらに難しいです。

重要な仕事は締切1週間前に完成させる、ダイエットを一度決めたら完遂する、友人には余計な一言は言わない、確定申告は計画的に準備する……これらを常にできる人はほぼいません。

正しい知識があるのに、その通りに行動できないのは、「理性」と「直感」という脳のシステムが関係しています。

「行動の9割は直感によるもの」とも言われているくらい、直感は強くて働き者です。直感は本能に基づき、瞬時に判断を下します。このため、直感は日常的な判断に向いています。

ランチを選ぶときもメニューを全部見て、カロリーと満足度を検討する人はあまりいません。だいたい真っ先に目についたものか、他の人と同じものを選びます。これは直感がすぐに判断している状態です。

しかし、いくら直感が働き者だからと言って、「契約書を提示されたので、直感的に押印した」となっては困ります。重要なシーンでは理性的な判断が求められます。理性は直感的な行動を制御し、慎重な判断を下す役割が期待されています。

一方、理性は直感に比べて発動が遅く、力も弱いため、理性の力では直感的な行動にブレーキをかけられない場面もよく見られます。大切な会議中にスマートフォンが光ったらつい開いてしまったり、友人との会話で余計な一言を言ってしまったりするのは理性がうまく機能しなかったせいです。後から理性で考えたら不適切だとわかることでも、私たちはこの強い直感に影響されて行動してしまうのです。

認知バイアスが解釈を歪める

直感は、「面倒くさがりで、損が嫌い。他人が気になり、自分が大好きで、気まぐれ」といった特性を持っています。これらの特性は程度の差はあるものの、全人類に共通して見られます。**このような特性をまとめて「認知バイアス」と呼びます。**

「バイアス」とは「斜め」「偏り」という意味です。あなたがどんなに真っすぐに伝

バイアスとは斜め・偏り

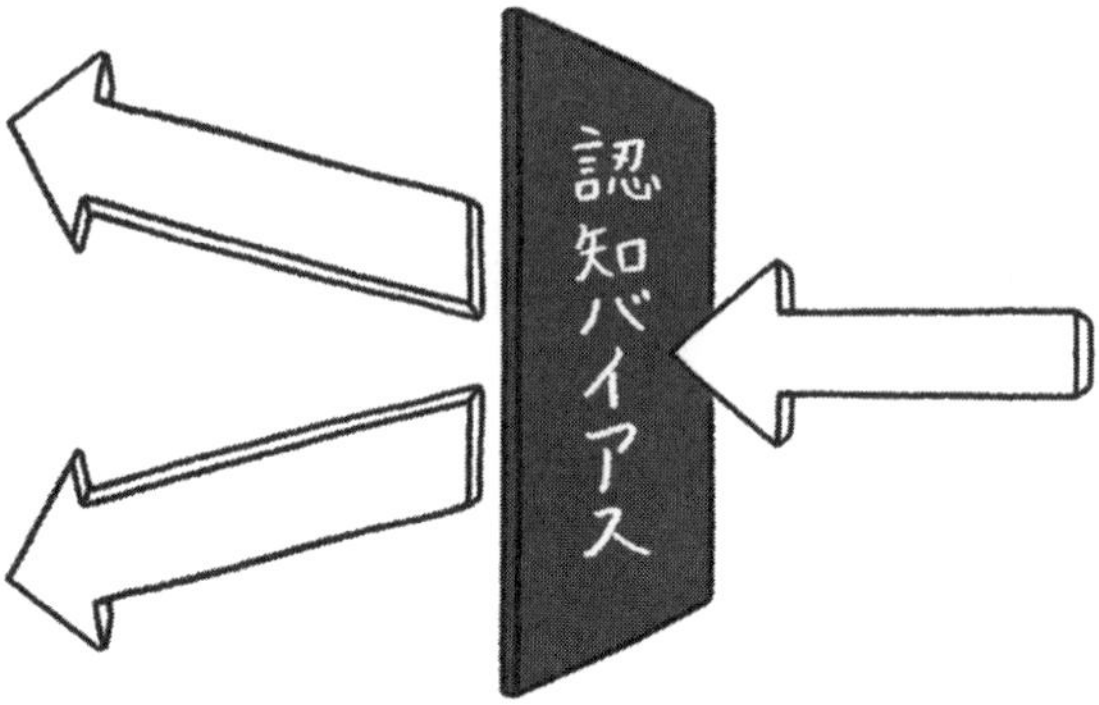

真っすぐな情報を斜めに解釈してしまうのが認知バイアス

えたとしても、相手は認知バイアスがあるため歪んだ解釈をしてしまいます。認知バイアスは200種類以上あると言われているほど豊富にあります。それゆえ、多くの人は認知バイアスの影響から逃れることはできないのです。

行動経済学では「私たちは認知バイアスの塊であり、認知バイアスとどう付き合っていくか?」が大きなテーマになります。認知バイアスは「解釈の歪み」であり、認知バイアスの特性を知らないとコミュニケーションや人間関係もすれ違っていきます。ここでは直感の5つの特性、

1. 面倒くさがり
2. 損が嫌い
3. 他人が気になる

直感の５つの特性

4.自分が大好き
5.気まぐれ
を切り口にして、認知バイアスを解説していきます。

直感の特性１　面倒くさがり

一口に認知バイアスと言ってもさまざまなものがあります。まずは直感の特性「面倒くさがり」に沿ったものから紹介します。

■現在バイアス

ケース

課長が「この事業はあと5年は安泰ですが、その先は競合に追い抜かれる可能性があります。それを踏まえ20年先を見据えた長期的戦略案を作りました。詳しくは資料40ページと41ページをご覧ください」と言って、プレゼンを始めました。専務は文字びっしりの資料を見ているうちに、眠くなってきました。

会社の将来を左右する大切な戦略なので、専務は集中して聞いて内容を入念に吟味すべきです。しかし、20年後の成果は実感しづらく、それより今、長い説明を聞いて理解するのが億劫に感じたようです。

このように、**「大切だけれども面倒な将来のこと」より「目の前の快楽」を優先してしまう特性を、「現在バイアス」**と呼びます。

とくに現在バイアスに影響されやすいのは、ダイエットや勉強、投資のように「行動して面倒なのは今で、効果が出現するのは将来」といった、タイミングにズレのある行動（異時点間の選択）です。

効果出現がしばらく先だと「別に今やろうが来週やろうが効果はしばらく先」と考え、まずは来週へと先送りしたくなります。そして翌週になると、「また来週」と先送り……これがひたすら繰り返される事態に陥ります。

やる気はあるけれども、なかなか行動しないのが現在バイアスの特徴です。このケースでは課長は将来のメリットだけではなく、「今、面倒くさいことはそんなに発生しません」という提案も併せて行ったほうが、専務の現在バイアスを刺激せずに済みます。

人は歳を重ねるごとに現在バイアスが強くなる傾向が見られます。例えば50代の私は、将来自分が80歳になったときに備えてダイエットも貯蓄も行っています。しかし、80歳になった自分は、110歳の自分に向けて我慢することはせず、今を生きるようになることが想定されます。これが現在バイアスが強い状態です。この専務は若い人よりも現在バイアスが強い可能性があります。

コラム

■ 現在バイアスはどうやって測定する?

現在バイアスは「今すぐ100万円もらえるのと、1年後に120万円もらえるのではどちらを選ぶ?」といった経済実験を行うことによって測定できます。

合理的な人は年利20%の後者を選びますが、現在バイアスが強いと年利20%を蹴ってでも目の前の100万円に飛びつきたくなります。

■ 認知容易性バイアス

先ほどのケースで文字だらけの分厚い資料を渡された専務は、「**認知容易性バイアス（見やすいものに対して警戒を解き、見にくいものは疑わしいと感じる特性）**」が発動してしまったようです。

とくに歳を重ねると視力が落ち、細かい字を読むときに自然と眉間にしわが寄ってしまいます。しかめっ面で読んだものは、ネガティブに受け止められやすくなります。専務の認知容易性バイアスを味方につけるには、文字を大きく明瞭にしたスライドを投影し、配布する細かい資料は「後で読んでください」として完全に分けたほうがよいでしょう。

コラム

■ スライドは視認性重視で

私はスライドを作成するときは、「メイリオ、60ポイント、白黒」を徹底しています。これを守ると相手がどんな状況であろうと、視認性が悪いということが起きづらいのです。

■確証バイアス・利用可能性バイアス

ケース

社内プレゼンでの事業提案の際に専務が「この分野の成功確率が高いと、テレビでコメンテーターが言っていました」と説明しました。それを聞いた社長は「コメンテーターの発言を根拠にして、取締役会に提案できるわけないだろ！」と思いました。

誰もが「エビデンスやデータを網羅的に調べたほうが望ましい決断ができる」とわかっていますが、そんな面倒なことはしたくありません。その結果、**「確証バイアス（自分に都合のいい情報ばかり集めたがる特性）」**や**「利用可能性バイアス（手に入りやすい情報で判断したくなる特性）」**が生まれやすくなります。面倒なことをするよりは、自分の経験や知識で判断したほうがラクなのです。

確証バイアスや利用可能性バイアスが強い人は、自分の考えに賛成する意見を心地よく感じます。その結果、１００人中95人が反対していても、５人の賛成意見ばかりが耳に入るという事態が起き得ます。

また、利用可能性バイアスが強いと、確率として正しく認識できなくなります。例えばワクチンが改良され、副作用の確率が0・1％から0・001％に減った場合、「副作用が100分の1になったので副作用を恐れる人が100分の1に減る」と期待されるところですが、実際には多くの人は「0ではないので、危険なことには変わりない」と考えてしまうのです。

また、「ワクチンで毎年3000人の女性の命が救われている」はニュースになりませんが、「ワクチンを打った少女の具合が悪くなった」は、大ニュースになります。これらの認知バイアスが強い人は「ニュースが100回報道された」と「事件が100回起きた」を同一視してしまう傾向があるため、思い込みが強くなり、エビデンスを示しても受け入れないことも見られます。

■ 権威バイアス

エビデンスを全部調べるのは面倒ですが、権威ある人の発言はすぐに入手できます。それを「エビデンスに則ったもの」として置き換えると、説得力があるように見えるので、直感的にしっくりきます。このように**権威がある人の言動を受け入れやすくなる特性を**「**権威バイアス**」と呼びます。

権威バイアスは雰囲気によって左右されます。健康サプリのCMを冷ややかな目で見ていた人でも、白衣を着た医学博士が登場して「私が自信を持っておすすめします」と言うと信じたくなるものです。

権威バイアスが強い人はエビデンスより個人の発言に盲従する傾向があるため、カルトやエセ科学に騙される可能性があります。

コラム

■専門家の意見には注意を

「専門家の意見」もエビデンスに分類されることがありますが、信頼性は最も低いです。また、テレビのコメンテーターは専門外のことでも発言を求められるため、信用に値しないコメントが少なからずあります。

ケース

■楽観性バイアス・正常性バイアス

台風の避難指示が出ているのに、専務は「あと10分で仕事が一区切りだ。私の経験上、こういうときは慌てて避難すると、逆に洪水に巻き込まれることが多い」と言って、なかなか帰ろうとしません。

面倒くさがりの特性の中で、非常時の判断を誤りやすいものが「**楽観性バイアス（根拠なく楽観視する特性）**」と「**正常性バイアス（非常時でも正常時と同じような判断をしてしまう特性）**」です。

災害も感染症も仕事上のトラブルも、一定の確率で起きます。だからこそ予防や事前の準備が不可欠です。しかし、来るかどうかわからないトラブルに備えておくのは、できることならやりたくないものです。このケースでは、専務は楽観性バイアスが働き「これくらいなら避難する必要はない」と考え、さらには正常性バイアスによって「もう少し様子を見てみるか」と、緊急時らしからぬ行動を取ってしまいました。

確かに全てのリスクに対し悲観的にとらえていると、何も進みません。「廊下を歩いて転ぶリスクが0・0001％あるから、どこにも行きません」というわけにはいきませんし、悲観論が過ぎると鬱々とした気分になります。

とはいえ、楽観性バイアスや正常性バイアスによって差し迫ったリスクを直視できないと、実害が生じます。とくに正常性バイアスは、非常事態を正しく認識できないことで起きやすくなります。

非常時に正常性バイアスを発動させないためには、事前に準備しておくことが必要です。また、「いくら準備をしても、なるようにしかならない」と言う人に対しては楽観性バイアスを疑ったほうがよさそうです。

なお、先のケースの専務のように、なかなか避難しようとしない人に対しては、「あなたが避難すると、他人の命を救えます」といったメッセージが有効である可能性が示唆されています。

直感の特性2　損が嫌い

■損失回避バイアス・否定的バイアス・リスク回避バイアス

ケース

係長から新規事業の提案がありました。「この事業は1億円の投資が必要ですが、成功確率は80%と高く、成功すれば2億円のリターンがあります」。それを聞いた専務は「確かに成功確率の見込みはその通りだと思う。でも、失敗する確率が20%なんだろう。そうなると投資の1億円は丸損じゃないか。余計なものに手を出すよりは、今ある事業に精を出したほうがよい」と言いました。

成功確率80％に対し、リターンは倍なので合理的に考えると実施するべきでしょうが、専務は失敗にばかり目を向けてしまいました。このように**利益よりも損失を強く感じる特性**を「**損失回避バイアス**」、**ネガティブな面ばかりに目を向けてしまう特性を「否定的バイアス**」と呼びます。[1]

損失回避バイアスの影響を受けると、利得よりも損失を約2・5倍強く感じます。これはAmazonのクーポン1万円分をもらった後、いざ使おうとしたら、既に使用期限が過ぎてしまっていたことに気づいたときのショックに当てはめると、約2万5000円分に匹敵するくらい大きく感じると言えば、わかりやすいかもしれませんね。

損失回避バイアスや否定的バイアスが強い人は、損失が嫌でたまらないため、不良債権の処理などの損失確定の手続きをやりたがりません。人命に関わる場面でも、損失回避バイアスや否定的バイアスが強いと、目先の損失を回避する判断をしてしまいます。次のケースをご覧ください。

ケース

社内にはがん検診の未受診者が1万人います。担当主査が「広告代理店を交えてがん検診の受診促進チラシをデザインし直すことにします。予備調査から、

1 私は講演後のアンケートで、97％の方から高評価をいただいても、残り3％の不満意見に真っ先に目が行きます。3％は統計学的に見て気にしなくてよい数値ですが、気になって仕方ないのです。

チラシのリニューアルによって検診受診率が5％高まる（500人の新規受診）との結果が出ているので」と提案しました。これを聞いた専務は「それはわかるが、『ガラッと変えると、今までのものがダメだったということでは？』というクレームが来るかもしれない。最小限の変更にしておこう」と言いました。

もし、専務が合理的な判断をするのなら「デザインが変わったからといってクレームをつけるなんて面倒くさいことをする人は、せいぜい10人程度だろう。それに対してほとんど変更しなかった場合、クレームは0かもしれないが、受診者もほとんど増えない。10人のクレームをおそれて500人の新規受診のチャンスを逃してよいものか」と考え、「大幅なリニューアルをする」と決定することでしょう。

しかし、損失回避バイアスや否定的バイアスに影響されるとクレームがとにかく嫌に感じ、「変更は最小限に」という判断をしたくなるのです。

コラム

■他人の評価は気にする必要がない？

大学生に恥ずかしいTシャツ（大物歌手の写真が大きくプリントされたもの）を作成してもらいました。実験協力者がそのTシャツを着て、大学生グループの中に入り、ひとしきり話した後、その大学生グループのメンバーにTシャツについて聞いたところ、プリントを覚えていた人は21％に過ぎませんでした。

オシャレに敏感な大学生でも、目の前の恥ずかしいTシャツを覚えている人は少数でした。私たちが気にするほど、他人からは見られていないので、エビデンスに基づき自分が正しいと思ったことをやればよいのです。

損失回避バイアスや否定的バイアスが強い人は、**リスクも嫌う傾向**（**リスク回避バイアス**）が見られます。「歳をとると冒険をしなくなる」と言われるように、**リスク回避バイアスは高齢者に強く見られます**。先のケースでも、「チラシへのクレーム」という小さなリスクを0にしようとして、「社員全体のがん発見の遅れ」という大きなリスクが高まってしまいました。このようにゼロリスク志向が強いと、全体の利益を損ねる決断になることがあります。

■ 現状維持バイアス・投影バイアス

先ほどのケースでは、専務は変化よりも現状維持を選びました。このように**現状維持を好む特性を「現状維持バイアス」**と呼びます。

現状維持バイアスに関連したものに、**昔や現在の状況を将来にも投影してしまう特性「投影バイアス」**があります。

現状維持バイアスが強い人は、新規事業よりも既存事業に予算や人員を配分したくなります。本来なら新しいチャレンジをしないのは憂慮すべきことです。でも投影バイアスが強いと「今までこれでうまくやってきたから、これからも大丈夫」と考えてしまい、必然的にイノベーションが生まれにくくなります。

昨今は時代の変化が早くなり、現状維持バイアス的思考では、すぐにマーケットで置いていかれてしまいます。「基本的に前例踏襲」という体質は見直す時期にきていますが、現状維持バイアスや投影バイアスの強い人は前例踏襲する理由を見つけてしまうのです。

現状維持バイアスは年齢とともに強くなる傾向が示唆されています。これは歳を重ねると、今まで歩んできた道のりに愛着を感じるとともに、新しいことにチャレンジすることが億劫になるからと考えられます。今や、日本人の年齢の中央値（若い順で並べたときに、ちょうど真ん中の人の年齢）が約50歳です。このことからも日本は現状維持バイアスが働きやすい社会環境になってきたと言えます。

確かに、先人たちが築き上げてきた伝統や習慣を引き継ぐことは大切です。しかし、年長者がそれを美化すると、「若者は雑巾掛けから始めるべき」「若いときはお金を払ってでも苦労したほうがよい」という投影バイアスに基づく時代錯誤な言動が出やすくなります。

■ 生存者バイアス

ケース

専務が新入社員研修で「私は若い頃、周りから意地悪された。だからこそ、事業が成功した。今の若い人も苦労したほうがよい」と言いました。それを聞いた新入社員一同は「大丈夫か、この会社?」という顔をしました。

「周りから意地悪された」から「事業が成功した」という因果関係が成り立つとは断言できないのです。むしろ意地悪されなかったら、もっと自由な発想ができて成長できた可能性もあったのです。

このように、**成功例にだけ着目してしまう特性を「生存者バイアス」**と呼びます。成功した人は、苦労を乗り越えてきた「生存者」であり、自分の苦労エピソードを美化し、成功の糧として結び付けたくなります。

生存者バイアスは統計やマーケティングを行う際にも注意が必要になります。生存者バイアスを意識しないまま調査を行うと、的外れなデータが集まることがあるのです。

例えば「フィットネスクラブの新規顧客開拓のために、利用者から入会動機を聞く」という調査を行うことがあります。しかし、継続利用者から得られた意見は、本当に知りたかった「申し込もうと思ったけど、何かが不満で申し込みに至らなかった人の意見」ではないのです。本当は生存者の陰にいる「非生存者」こそ、重視すべきです。しかし、生存者バイアスが強いと、目の前にいる生存者にばかり目を向けたくなってしまいます。

直感の特性3　他人が気になる

■同調バイアス

ケース

社員の大半が残業している中、若手社員が定時で「お先に失礼します」と言って帰っていきました。専務は「皆が残っているのに、一人だけ帰るなんて」と不満気に言いました。課長は私用があるのですが、帰りづらい雰囲気になって

――困っています。

働き方改革が進んでいる昨今、一部の組織では、いまだに「皆が残業しているので、自分も残業する（あるいは部下に残業を求める）」という風習が残っているようです。この背景にあるのは**「同調バイアス（他人と同じ行動をすると安心する心理）」**です。

同調バイアスは規範やチームワークの源泉になります。一方、同調バイアスが他人に向いて発動し、同質性を求めるようになると、「会議で周りの意見が一致した空気だったので、反対意見を言えなかった」「休暇を取りたかったけれど、場の空気を壊したくなくて諦めた」といった同調圧力にも繋がる危うさがあります。

また、同調バイアスは「赤信号みんなで渡れば怖くない」といった望ましくない行動さえも、時として後押ししてしまう可能性があります。

コラム

■世代間で同調バイアスが違う

管理職世代は子どもの頃から、どこにでもたくさんの人がおり、周りの影響を受けやすい環境で育ってきました。このため、「皆と同じように振る舞いなさい」といった同調バイアスに基づく指導をしても、そんなに違和感を覚えない可能性があります。一方、Z世代は「皆と同じ」の受け止め方が管理職世代と違う可能性があります。「皆と同じに」方式の指導がうまく伝わらないのは仕方ないかもしれません。

■ 内集団バイアス

同調バイアスから発展したものに、**自分と同じ集団に所属している人に対しては評価が甘くなる特性**、「**内集団バイアス**」があります。内集団を贔屓する一方、無意識のうちに外集団には厳しい評価をつけてしまうのです。[2] 先ほどのケースでは、皆で残業するのが内集団の暗黙のルールだったのに、若手がそれを破って定時退社したため、外集団として扱われたようです。

内集団への締め付けや外集団への冷遇は、ハラスメントにも繋がります。そして、ハラスメント疑惑が起きたとき、「第三者による調査を行い、適切に対応する」と言えばよかったのに、内集団バイアスに影響されて、つい「調べるまでもない。うちの職場にパワハラはない」と断言してしまい、問題がこじれてしまうことがよく見られます。

2 内集団は国レベルでも起きます。全く同じ製品でも、日本製に比べ近隣国製のものを低く評価します。株式を購入する場合、最も好ましいのは世界中の株式を満遍なく買うことで、そうすれば一国でのハイパーインフレーションなどの不測の事態をヘッジできますが、実際にはほとんどの人が、自国の会社の株式の保有比率が多くなります。

人事評価で内集団バイアスの影響を受けると、上司の内集団バイアスに合致している人は評価が高まります。現状維持バイアスの強い上司は、保守的な姿勢の部下には「慎重で信頼できる」と評価し、チャレンジ志向の部下には「周囲の迷惑を顧みず思い付きで行動している」と評価をしたくなります。その結果、チャレンジ精神にあふれる部下は淘汰され、組織は同質的になり、変化に対応できなくなっていきます。

採用時には優秀な人ばかりだったのに、20年後には皆が官僚的思考になっているとしたら、内集団バイアスによる評価が原因かもしれません。

最近、360度評価（同僚や部下など複数の人たちによる評価）を採用する組織が増えてきました。内集団バイアスから組織を守るためにも、360度評価は重要なのです。

コラム

内集団バイアスは顧客満足度を低下させる

内集団の所属メンバーは内集団独自のルールを重視することが求められます。これが組織内だけならまだよいのかもしれませんが、ひとたび対外的に発動すると、コミュニケーションがかみ合わなくなります。顧客は外集団であり、中でも新規顧客は内集団のルールがわかっていないからです。

「押印をお願いします」「通知にはそんなこと書いていなかったけど」「押印

は内規で決まっています」「いや、内部規定を根拠に言われても」「判子がないと決裁が通りません」といった押し問答の末、「それはあなたたちの問題だけど、これ以上議論するのも面倒だから引き下がろう……」といった経験をしたことがあるとしたら、相手は内集団バイアスの強い人たちの可能性がありますので、あまり深入りしないほうがよいかもしれませんね。逆にあなたの会社の人が他社の人にマイルールを押し通そうとしたら、止めてください。相手は内心、「面倒な会社だ。関わらないようにしよう」と思っている可能性があります。

■極端性回避バイアス

ケース

課長が若手社員を怒鳴りつけました。若手社員は専務にこの件を報告しました。専務は「確かにパワハラと疑われる言動をした課長はよくなかったが、そこまで怒らせた君にも落ち度があったのは否めない。まあ、白黒をつけると、お互いに今後の人間関係がやりづらくなるので、笑って握手して終わらせないか？」と提案してきました。

「皆と同じこと」が美徳になると、**「既存の枠からはみ出たものは規格外」として排除したくなる心理（極端性回避バイアス）**が働きます。極端性回避バイアスが強い人は、尖った意見を避けるあまり、折衷案を選ぶ傾向が見られます。

このケースでは、若手社員の訴えは専務には「はみ出た行動」と受け取られたようです。この時点でパワハラ対応としてよくないですが、さらに解決策として折衷案を出すと、表面的には丸く収まるかもしれませんが、事態は悪化します。

課長は、「厳しい言葉を言っても黙認された」という安心感が生まれ、根本的に変わるチャンスを失います。また、これを見た周囲には「あんな恫喝してもハラスメント認定されない」という基準ができてしまいます。

若手社員は、「せっかく勇気を出してパワハラを訴えたのに解決してもらえなかった」という無力感が残ります。

極端性回避バイアスに基づく言動は、時として望ましくないものを隠してしまう危うさがあります。全員の意見を聞く姿勢は大切ですが、折衷案に帰着させることが常にベストとは限りません。折衷案にこだわる人がいたら、極端性回避バイアスの存在を疑ってみるとよさそうです。

コラム

■ 極端性回避バイアスを弱めるには

極端性回避バイアスは「定食屋でA定食が1000円。B定食が1500円だったら、多くの人がA定食を選ぶが、ここに2000円のC定食が追加されると、B定食を選ぶ人が増える」と説明されることがあります。

極端性回避バイアスの強い上司が折衷案にしようとした場合、さらに極端な意見を加えるとそれを加味した折衷案になり、少しはましなものになるかもしれませんね。

直感の特性4　自分が大好き

■ 自己奉仕バイアス・帰属バイアス

ケース

会社の事業がメディアに大きく取り上げられました。専務は「私の長年の取組みが日の目を見た」と鼻高々。しかし、ポスターのデザインにクレームがつき、メディアに「事前に関係者から十分に聞き取りをするべきだったのでは」という記事が掲載されました。専務は現在その事業を担当している若手社員に「君がしっかりしてないから、せっかくの事業にケチが付いた」と怒りをぶつけました。

専務は、**自己奉仕バイアス（自分が成功したときは「自分の努力の成果」と考え、失敗したときは、「自分ではどうしようもなかった」と考える特性）や帰属バイアス（他人が失敗すると「根っからだらしないから」と決めつける特性）**が強いと考えられます。

これらの認知バイアスが強い人は、他責・手のひら返し・保身などの言動が見られます。ハラスメントで訴えられても「自分はその認識はない」「それより、私をそれほど怒らせた相手の資質に問題があった」といった言い訳が出てきやすくなります。

そして、「なぜ、自分はこんなに頑張っているのに、周りは努力しようとしないのか？」と腹が立ってどうしようもなくなるため、本人の幸福度も下がります。極端になると、ＳＮＳで見知らぬ相手を攻撃するといった問題行動も起こしてしまいます。

他人に腹が立ってどうしようもないときは、「ひょっとしたら私の中で自己奉仕バイアスや帰属バイアスが強くなってきているのかも」と疑ってみてはいかがでしょうか。

■後知恵バイアス・手抜きバイアス

新入社員が家電の取扱説明書作成を担当し、納品後に軽微なミスが判明しました。これを知った専務は「だから最初から新人に任せるのは危険だと思っていたんだ」と言い放ちました。

ケース

ここで専務に見られたのは「**後知恵バイアス（結果を知った後で、「はじめからそうなると思っていた」と記憶を書き換える特性）**」です。「〝後出しじゃんけん〟のように結果がわかってから言うのは卑怯だ」と感じる人も多いことでしょう。しかし、これを言った本人は、本当に「前からそう思っていた」と信じていた可能性もあるのです。

多くの人は自分のことが大好きで、「自分には先見の明がある」とすら思っています。例えば開始の時点で「これで大丈夫かな」と10％くらいの疑問を持っていたとします。しかし失敗が判明したときには、疑問だったものが確定に変わるため、10％の失敗確率だったことを忘れ、100％の失敗確率だと思っていたことに置き換えてしまうのです。「後知恵バイアスを排除した判断をしてください」と言われたとしても、影響を完全に排除するのは難しいのです。

ケース

ケアレスミス再発防止策として、「どんな細かい書類でも、役員5人の決裁を受けること」となりました。しかし、専務は起案が回ってきても「既に常務たちのチェックを受けたのだから、いいか」と、以前ほど丁寧に見なくなりました。

このように**関わる人数が増えるほど、全力を出さなくなる特性を「手抜きバイアス」**と呼びます[3]。綱引きの実験では、1人が全力で綱を引いたときの力に比べ、2人で綱を引いたときには93％しか力を出さなくなり、3人では85％、8人だと49％まで下がったのです。

組織で不祥事が起こった後、トップが「決裁体制を充実させ、ダブルチェックを徹底します」と改善策を発表することがしばしばあります。これは行動経済学の観点から考えると、あまり解決には繋がらない可能性があります。

なぜなら、チェックする人数を増やした結果、1人あたりのチェックが甘くなり、逆にミスが起きやすくなる可能性があるからです。それよりは「課長は数値、副部長が字句のミス、部長がコンプライアンス、専務が全体の整合性」と役割分担を明確に

3 「社会的手抜き」「リンゲルマン効果」とも呼ばれます。

することで、手抜きバイアスが発生しにくくなります。

後知恵バイアスによる損失が深刻なのは、医療現場です。医療にはリスクが付きものです。しかし、医療裁判になったとき、裁判官は医療によって被害が出た事実や他に治療の選択肢があったことを知った状態で始めるため、後知恵バイアスに影響されてしまうのです。知ってしまった以上、「その時点では医療現場では最適な判断を行った」ということを正確にイメージできません。

このように「知識や経験がある人は、ない状態に戻って理解することができないこと」を「知識の呪縛」と呼びます。

こうした後知恵バイアスによるトラブルを避けるため、医療機関では「マニュアル通りの応対をする」「リスクがある治療は避ける」といった対応をすることもあります。このように後知恵バイアスは、ニーズに合わないプロセスを生むという意味においても厄介なのです。

コラム

■ 全ての地震を予知した人

日本で発生した地震を全てブログ上で予言した人がいます。政府はこの人を地震専門家として雇用するべきでしょうか？　これは絶対にＮＯです。なぜなら、その人は毎日「明日は大地震が起きる」と書き、地震が起きなかったときは消去していたからです。私も何か問題が起きたとき「最初からそう思っていた」と言いたくなることがありますが、ぐっとこらえるようにしています。

コラム

常識を疑う

今までは「会社の常識」だったことが、実はエビデンスに反していたり倫理的に問題があったりすることはよくあります。管理職世代は「規則だから黙って従う」が当たり前だったかもしれません。盲従の対価として、年功序列があったからです。

しかし今の時代、納得できない規則に対して声を上げた人に対して、頭ごなしに「いいから従いなさい」と言うのは、少し待ったほうがよさそうです。その規則は、意に反した人も従わせるメリットがあるものでしょうか。ひょっとしたら、その規則ができたのは後知恵バイアスによるもので、廃止しなかったのは現状維持バイアスによるものである可能性があります。だとしたら、意見が上がったのは、廃止や改正するチャンスではないでしょうか。意見を取り入れて柔軟に対応する姿勢を見せたほうが、従業員のロイヤリティは高まることでしょう。

■結果バイアス

ケース

中堅社員Aさんが企画した社内ベンチャー事業が失敗に終わりました。専務は「君の同期のB君の事業は軌道に乗った。君は普段から努力が足りないから失敗したのだよ」と言いました。

専務のように、「よい成果を上げた人は努力をしたから」「成果が出なかった人は努力不足だったから」と、**結果でその人を判断したくなる特性を「結果バイアス」**と呼びます。

「ある事象が発生した要因」を解析すると、偶然や環境要因の影響が大半であることが多いのですが、多くの人は推理が大好きで、「あの人の性格や努力がこの結果を招いた」という一貫したストーリーができると、解決した気になります。中でも勧善懲悪のストーリーが大好物なので、悪役を見つけたくてうずうずしています。

結果バイアスが強い人にとって、「Aさんは努力したけれど、運が悪くて成功しなかっただけ」という解析結果を示しても、なかなか受け入れられません。結果バイアスが極端な人はプロセスを度外視し、結果至上主義になりやすくなります。

コラム

結果バイアスだらけのコーチ

先日、体育館でトレーニングをしていたところ、隣のコートでは少年バスケの試合が行われていました。そのコーチが結果バイアス丸出しの人で、シュートが決まったら「いいぞ!」と褒め、外したら「何やってるんだ!」と怒っていました。

私は「選手は外すと怒られるとわかっているので、積極的にシュートをしなくなる。コーチは静かに見守っていればいいのに」と思いながら、隣のコートを眺めていました。そのチームは接戦で負け、コーチはやはり激怒していました。

■IKEAバイアス・保有バイアス・サンクコストバイアス

ケース

株主から「当社のテレビの部品製造事業はもはや競争力を失っています。早期撤退の意向はありますか？」と質問が出されたところ、専務は「撤退だなんてとんでもない！　先人たちがこの事業を立ち上げるまでにどれほど苦労したのか知っているのですか？」と声を荒らげました。専務はテレビの部品製造事業の創設メンバーだったのです。

専務に見られたのは、**IKEAバイアス（自分が労力をかけて手がけたものには、特別の愛着を感じる特性）**や**保有バイアス（一度保有したものに対して特別の価値を感じる特性）**、**サンクコストバイアス（これまで投入したコストを諦めきれなくなってしまう特性）**です。順に説明します。

IKEAバイアスは北欧のブランドにちなんで名づけられました。IKEAのように、家具を買って自分で組み立てると、既製品より5倍の愛着がわくのです。また、一度保有したものは保有バイアスによって、客観的評価より2倍以上高い評価をつけることがわかっています。いずれも一度手にしたら、愛着がわいてなかなか手放せなくなります。

そして、その愛着が「もったいない」という形になってやめられなくなるのがサンクコストバイアスです。「サンク（sunk：完全に埋没した）コスト」の名の通り、もう取り返せないものはきっぱりと諦めるのが合理的な判断です。しかし、サンクコストバイアスが強いと「今までこれほど苦労したのだから、今さら後には引けない」「せめて元を取ろう」と考えるようになります。

サンクコストバイアスは「コンコルド効果」とも言われます。これは英仏の国家プロジェクトであるコンコルド機の実用化が難しいと途中で判明したにもかかわらず撤退の決断ができず、継続した結果、大きな損失を生んだことに由来しています。

問題は、これらの認知バイアスはその組織に長くいた人ほど強くなるため、時に未来志向の考えができなくなることです。管理職が「この事業は今さらやめられるわけがない」と熱弁を振るっても、他の人は「時代遅れの事業に固執していて、この会社は大丈夫か？」と冷めた目で見ていて、すれ違いが広がっていくことがよく見られます。

■自信過剰バイアス

ケース

常務が専務と社用車で出張に行きました。ずっと運転している専務は、急ブレーキを何度もかけ、見かねた常務が「コンビニが見えたら休憩しましょう。運転を代わりますよ」と提案しましたが、専務は「大丈夫、私は運転が得意なんだ」と答えました。

専務に見られたのは「**自信過剰バイアス（根拠なく自信過剰になる特性）**」です。実際に、ドライバーの９割が自分は平均よりも運転が上手だと考えていることが報告されています。[4] このように、多くの人は自分への評価は甘くなるものです。次の実験をご覧ください。

実験

X氏とY氏は初対面です。Y氏はX氏の前で新聞の天気予報欄を読み上げて立ち去りました。２人にY氏のＩＱを推測するように質問したところ、X氏のほうが66％正確に予想できました。

4　正規分布に従うと仮定すると、平均以上の人は50％になるため、40％の人が自信過剰バイアスを持っていると考えられます。

これはX氏の洞察力が優れているというより、Y氏の自己評価が高すぎたものと解釈されます。自信過剰バイアスは自己奉仕バイアスと結びつくと、「私は君よりもこの事業のことをわかっている。それなのに失敗したのは、君が余計なことをしたせい」といった他責思考になり、楽観性バイアスと結びつくと、「準備をしなくても本番ではうまくいく」「ハラスメントをしても私は許される」といった極端な思考になることもあります。自信は大切ですが過剰な言動に走らせてしまうのが自信過剰バイアスの厄介なところです。

直感の特性5　気まぐれ

ケース

■ 初頭バイアス・終末バイアス

社員研修会の際、冒頭の専務の挨拶が10分も続きました。研修内容は充実していましたが、最後の挨拶も長く、それが終わると事務局の人が次回の研修会の補足説明を開始し、結局時間をオーバーして終了しました。研修会後のアンケートでは、参加者の過半数が「とても不満」と回答しました。

最初の印象がその後の判断に影響する特性を「初頭バイアス」、最後の印象が記憶定着する特性を「終末バイアス」と呼びます。これらの認知バイアスは「一年の計は元旦にあり」「終わり良ければすべて良し」といった具合に、昔から根付いてきました。

最初の印象が悪いと後から挽回するのは至難の業であり、また途中までいくら楽しくても最後の印象が悪いと嫌な思い出として記憶に定着してしまいます。だからこそ、最初と最後にピークを迎えるような設計にすることで、よい印象として受け止められ、その後の行動にも繋がりやすくなります。

■ メッセンジャーバイアス

ケース

社内プレゼンコンテストで若手社員が新規事業の提案をしましたが、専務は「根拠に欠ける」「マーケティング調査が不十分」などの理由で却下にしました。それを見た常務が「よし、では私がその欠点を補足して次回のコンテストで発表しよう」と引き継ぎました。常務は指摘事項の対応をする時間がなく、若手社員の作成したスライドをそのまま読み上げる形になりました。でも、常務の提

――案は採択されました。

ここで見られたのは「**メッセンジャーバイアス（同じ内容でも、誰が言ったかで受け止め方が変わる特性）**」です。本来は、誰が言ったか（Who）よりどんな内容か（What）で判断すべきですが、多くの人はWhoを優先してしまうのです。ひょっとしたら、話を聞く前に「若手の提案は稚拙に決まっている」「常務の提案は示唆に富むものだろう」と無意識のうちに決めつけてしまっている可能性があるのです。メッセンジャーバイアスが強すぎると、「この人が言うのなら受け入れるしかない」という忖度《そんたく》を生む可能性があります。

認知バイアスと上手に付き合う

帰属バイアスや結果バイアスが強い上司は、ミスをした部下を「この人は根っからだらしない」と考え、同じミスを繰り返すと「失敗ばかりしているダメな奴」と見なしてしまいます。上司がこのような態度をすると、部下も「あれくらいで怒るなんて、あんただっていい加減なところが多いじゃないか！」と応戦したくなります。このようなトラブルは、認知バイアスとの付き合い方を知ることで防げるようになります。

私は行動経済学を研究し始めた当初、「認知バイアスは諸悪の根源であり、根絶するべき」と考えていました。しかし、研究を重ねるにつれ、この考えが誤っていたことに気づきました。

認知バイアスを完全に排除するには、常に理性が働き続けなければならず、脳はすぐに疲弊してしまいます。そして、認知バイアスがあるからこそ、人類は生き延びてきたとも考えられるのです。

認知バイアスは脳にインストールされたプログラムのようなものであり、長年にわたり人類を守ってくれました。進化の歴史を見ると、そのことがよくわかります。原始時代は現在バイアスの強い人のほうが生存に適していました。将来のことを考えている余裕はなく、目の前のことが大切だからです。また、初めて目にしたキノコより、馴染みのあるキノコを食べたほうが安全です。このため、現状維持バイアスのある人のほうが生き延びやすくなりました。

一方、時には命をかけてでも狩りに出かける必要がありました。そのため、慎重すぎる人よりも楽観性バイアスの強い人のほうが思い切って行動できるので、獲物を仕留めて生き延びる可能性が高まりました。狩りでは同調バイアスが強く、集団行動のできる人が生き残りました。

また、大昔は外集団の人を安易に「ムラ（内集団）」の中に入れてしまうと、ムラ全体が崩壊する恐れがあったので、同調バイアスも内集団バイアスも人類が生き残るために必要な特性でした。

つまり、生存に必要な認知バイアスが弱い人たちは淘汰されていったのです。私たちは認知バイアスの強い御先祖様の遺伝子を受け継いでいるため、認知バイアスが強いのは当然なのです。

現在、私たちは暗闇の中で獣に襲われる危険はなくなり、代わりに長時間職場に座ってストレスを浴び続けるリスクにさらされるようになりました。認知バイアスの位置づけが「生存に不可欠」なものではなくなってきたのです。

とはいえ、認知バイアスは現在でも存在意義があります。

「現在バイアス」があるからこそ目の前のことに集中でき、「現状維持バイアス」があるから一度決めたことをやり抜く気持ちが生まれ、「楽観性バイアス」があるから新しいことにチャレンジでき、「同調バイアス」があるから規範が生まれます。

私たちは認知バイアスを完全に抑え込むことはできません。だからこそ、認知バイアスを完全に排除するのではなく、「どう付き合えばいいのか？」を考えていくほうが建設的です。

多くの研究から認知バイアスの特性が明らかになったことに伴い、それをコミュニケーションに取り入れることで、職場の人間関係を改善し、パフォーマンスを高めることができるようになったのです。その具体的な方法である「ナッジ」について、第2章以降で詳しく説明していきます。

第2章

人を動かすには？
―認知バイアスが強い人にこそ、ナッジを

第1章では特定の認知バイアスが強いと、他人とすれ違いやすいことを紹介しました。
第2章ではナッジを中心に、人を動かす方法を考えていきます。

熱意だけでは人は動かない

私が若い頃、「人を動かすには熱い心が大切」という言葉をよく聞きました。私はこの考え方が大好きですが、熱意だけで人を動かすことはしないようにしています。想いだけが強い人は、**組織にダメージを与える可能性が高い**からです。これを具体的にイメージするには、極端な例を取り上げるとわかりやすいでしょう。

20年以上前、私はテレビで「体罰擁護派の教師の主張」を見ました。その教師は「生徒のために愛のムチをするのが教師の使命」「大人になってから『あのときは叩いてくれてありがとうございました』と感謝を伝えに来た生徒が50人はいた」「話せばわかる、と甘いことを言っている人がいるが、叩かれないとわからないこともある」と力説していました。画面越しに、熱い気持ちが伝わってきました。と同時に、私は心から怖くなりました。

実際にその教師が叩いた生徒は1000人はいたことでしょう。その教師は生存者バイアスによって「感謝を伝えに来た50人」のことはよく覚えていましたが、「叩かれたショックが尾を引いて、今でも眠れぬ夜を過ごしている大勢の人」のことは目に入らなかった可能性が大きいのです。

多くのエビデンスによって、人を動かす方法が明らかになってきました。熱い心を持っていても、エビデンスがなければ特定の人しか動かせない可能性があります。さらには倫理不在で熱い想いを主張すると、組織に大きな損害を与える可能性もあるのです。

もちろん熱意は大切です。でも、「熱い想い」は「熱い思い込み」に繋がりやすいのです。注意すべきは独善的な人こそ「熱い想い」を口にする傾向が見られることです。熱い想いは冷めた相手には伝わりづらく、本人の中では熱い指導が正当化されやすく、すれ違いの温床となります。問題が発覚したときに「想いがあふれ、誤解させてしまったとしたら申し訳ない」という釈明がよく聞かれます。情熱一辺倒からはそろそろ脱却したほうがよいですよね。

人を動かす４つの方法

行動経済学では、人を動かすには大きく分けて４つの方法があると考えます。具体的にイメージするためにスーパーのレジの列で、来客に「前後の人と2メートルの間隔をあけさせる」という場面を考えます。

1.情報提供（正しい情報を与え、納得の上で動かす）

まずは「感染症対策のため、2メートル間隔をあけてください」とアナウンスするなどして、情報を提供することで必要性を訴え、納得の上で人を動かす方法です。インフォームドコンセントの観点から、情報提供に基づく行動が最も望ましいです。でも、これだけではなかなか間隔をあけない人がいますよね[5]。

2.ナッジ（認知バイアスに訴求して動かす）

次は、認知バイアスに訴えます。例えば床に2メートルおきに足跡シールを貼ると、それに合わせて足を置きたくなるものです。これがナッジです。

3.インセンティブ（褒美と罰で動かす）

それでも間隔をあけない人には、ご褒美と罰を設定します。「2メートル間隔をあけた人は10％割引、あけなかったら10％加算」とすると、ほとんどの人は間隔をあけ

5 ナッジの中には「当社のがん検診受診率は5年連続で増加しています」といった「情報提供型ナッジ」もありますが、本書では「理性のみに働きかけるものを情報提供、直感にも訴えかけるものをナッジ」と分類します。

人を動かす４つの方法

るようになります。多くの人はご褒美に釣られ、あるいは罰を避けるように行動します。

4.強制（力ずくで動かす）

それでも間隔をあけない人には、最終手段として、警備員が力ずくで間隔をあけさせます。これは強制力での行動であり、本人の自発性はゼロです。

ヘルメットをかぶらせるには？

この4つの方法を「工場で作業員にヘルメットを着用させる」という場面で使ってみます。

■ 情報提供

「ヘルメットをかぶれば、いざというときに頭部を保護できる」と情報提供し、着用を促します。でも、認知バイアスの影響が強い人は、「ヘルメットなしでもたいしたことない（楽観性バイアス）」「今まで大丈夫だったし、これからも大丈夫（投影バイアス）」「他にもかぶっていない人がいる（同調バイアス）」など、かぶらない理由をどんどん見つけ出してしまうのです。

それでも情報提供を続けるということは、説得を重ねることになります。このように情報提供は時間がかかり、指導するほうもされるほうもストレスが生じることがあります。

■インセンティブ

着用率を高めるには「きちんとかぶっていた人には高評価を与え、かぶっていなければ評価を下げる」といったインセンティブ設定が効果的です。

でも、さまざまな認知バイアスが強い人はヘルメットをなかなかかぶろうとしません。また、「ヘルメット着用」という当然の行為に対しては「かぶらないと罰」という方向に向かうことになります。しかし、罰を科すための監視にはコストがかかり、職場に息苦しさも生まれます。

コラム

■インセンティブは要注意

インセンティブには思わぬ落とし穴があります。次のケースをご覧ください。

ケース

昔、コブラの被害に悩まされていたインドでは、政府が「コブラを捕まえて、その死骸を役所に持ってきた者に報奨金を与える」とお触れを出しました。そこで住民が報奨金目当てにコブラの飼育を始めました。それを知った政府は報奨金を出すのをやめました。住民はコブラを育てる動機がなくなり、殺すのも面倒なので、放置しました。コブラが逃げ出し、お触れを出す前よりコブラが増えてしまいました。

インセンティブは設計した人が意図しない行動を引き起こす可能性があります。ビジネスでも同様です。例えば「ドラフトで指名した選手が入団したら、ボーナス支給」という制度にしたら、スカウトたちは欲しい選手の交渉を頑張るよりも、確実に入団する選手を指名するようになると想定されます。

■ 強制

現場監督がむりやり全作業員にヘルメットをかぶらせ、作業終了まで脱げないような制度にすることで着用率は100%になります。ただ、個人の自由を制限するため、実現にはハードルが高く、あまり現実味がなさそうです。

■ナッジ

認知バイアスの影響でヘルメット着用が進まないのなら、認知バイアスの特性をうまく設計したナッジを用いることで、コストやストレスが少なく解決できます。

まずは着用の阻害要因となる認知バイアスを弱めることから始めます。

楽観性バイアスや投影バイアスを弱めるには、『ヘルメット着用巡視中』とアナウンスし、見られていることを意識させる（モニタリングナッジ）」「ヘルメットの未着用は本当に怖い、と労災に遭った人の体験ビデオを流す（損失回避ナッジ・メッセンジャーナッジ）」ことが有効です。

また、ネガティブな同調バイアスを弱めるには、「当工場のヘルメット着用率は毎年○%ずつ上がってきており、あと5人着用で全社1位、とグラフを掲載（同調ナッジ）」といった設計が考えられます。

それでもヘルメットを着用しない人には、

「ヘルメットを着用しないと、私が社長に怒られます。衛生管理者　竹林正樹」

という貼り紙はいかがでしょうか？　自分がヘルメットを着用しないことは正当化できても、それによって誰かが怒られることは良心が痛むものです（利他性ナッジ）。

また、「あご紐の長さが緩んでいないか、チェック強化中」といった掲示をすることで、「ヘルメット着用が前提」ということを暗に訴えることができます（規範ナッジ）。

さらに、

「先日、社内見学に来た学生たちが本工場のヘルメット着用率の高さを褒めていました。皆様の御協力に感謝します。社長　竹林正博」

という貼り紙もよさそうです。学生が自社のことを褒めてくれたのは嬉しいものです（アイデンティティナッジ）。それに優秀な学生には就職してほしいものですが、自分がヘルメットをかぶらないと、学生からの評価が下がり、全社員に迷惑がかかると思うと、着用したくなります（利他性ナッジ）。

コラム　認知バイアスとナッジは重複？

鋭い読者の方は「同調バイアスと同調ナッジ、名前が重複している？」と気づいたことでしょう。ナッジは認知バイアスに対応しているので、同じ名前がついていることもよくあるのです。なお、本書での認知バイアスやナッジのネーミングは、わかりやすさの観点から、著者が改変したものもあります。本書を学術論文等に引用する際には、その点に注意してください。

結局ナッジって？

政府の健康戦略「健康寿命延伸プラン」では企業や団体にナッジを推奨し、また環境省や厚生労働省などの補助事業のメニューにナッジが含まれているものが増えるなど、ナッジの知名度が高まってきました。

それでも、ナッジがすぐに理解しにくいのは、その定義「選択を禁じることも、経済的なインセンティブを大きく変えることもなく、人々の行動を予測可能な形で変える選択的アーキテクチャ（設計）のあらゆる要素」が、長くて難しそうに感じられるからかもしれませんね。でも大丈夫です。本書のこれまでの説明で全て理解できます。

まずは前半の「選択を禁じることも、経済的なインセンティブを大きく変えることもなく」は、「人を動かす4つの方法」のうちの「インセンティブも強制も使わない」を意味します。

もしもあなたが圧倒的な権限を持っていたら、相手をお金の力や実力行使で動かすことができます。しかし、それでは相手の自発性を損ねますし、できることならそのような強い方法は使いたくないものですよね。**ナッジはあくまでも相手の自発性を重視した行動促進方法**なのです。

多くの人が理解に悩むのは、後半の「人々の行動を予測可能な形で変える選択的アーキテクチャ（設計）のあらゆる要素」の部分です。でも、今なら皆さんは自信を持って「なぜ人々の行動が予測可能なのか？」をお答えできると思います。それは、私たちが直感の行動パターンである認知バイアスを知り尽くしたからです。先人たちの作り上げたエビデンスのおかげです。

それでもわかりづらければ、「認知バイアスの特性に沿って、望ましい行動へと動かす方法」という理解でも、大抵の場合は問題なく話が進みます。「このタイミングでこの刺激が加わると、認知バイアスによって右に30度ズレた解釈をする」といったことがわかることで、「ではズレを抑えるようにしよう」「右に30度ズレてしまうのが避けられないのなら、左に30度ズレるような刺激を加えて真っすぐに戻そう」といった対策ができます。これがナッジのイメージです（ただし、「左に30度ズレるような刺激を加えるようなナッジ」は、とくに倫理的配慮が求められます）。

以上から、ナッジは認知バイアスの強い人にこそ効果が出やすいという特徴があります。

身近なナッジ

ナッジは比較的新しい理論ですが、昔からナッジに通じる知恵や工夫はありました。例えば、一流ホテルや大企業でも男性用の小便器は汚れていることがあります。ここで、「壁に『一歩前に』と貼り紙をする」「床に足跡マークを描く」「便器の中に的《まと》シールを貼る」といったナッジがよく使われます。順に見ていきます。

そもそも「トイレをきれいに」と言われても、急いで用を足したい人にとって、何をすべきかよくわかりません。これに対し、「一歩前に」とはっきりと記載することで、その通りに行動しやすくなります（簡素化ナッジ）。

また「床に足跡マーク」は、先ほどで紹介した「スーパーのレジ前の足跡シール」と同じく、つい足を置きたくなります（規範ナッジ）。

「的シール」はゲーム好きの特性に訴えかけたナッジです（ゲーム化ナッジ）。とくに射的が大好きな人は、的があると狙いたくなるものです。

いろいろなナッジ

1.階段の貼り紙
ココまで上れば○○キロカロリー
2.お皿のサイズ
大皿
もり…！
食べきれない…
フードロスに…
小皿
完食！
フードロス激減！
3.男性用小便器のシール
的《マト》のシールを
貼ったらトイレが
汚れなくなった

ナッジの効果を高めるには？

また、行動のタイプによってナッジの効きやすさが変わってきます。ナッジが効きやすいのは、プロセスの短い行動です。

研究

ナッジによる健康づくりに関する世界の研究をまとめたところ、83％がビュッフェで野菜を多く皿に盛る、皿のサイズを小さくして1回の食事量を抑える等の食行動に関するもので、一方ランニングや筋トレ等の身体活動はほとんどなかった。

従業員にダイエットを促す場合、食行動のナッジを選ぶか、身体活動のナッジを選ぶかによって、成功率は大きく変わってきます。

食行動の成功率が高いのはナッジをしてから行動までのプロセスが短いからです。社員食堂でサラダを選ぶようにナッジを設計してあれば、サラダを取った後で「気が変わったからキャンセルします」という人は滅多にいませんよね。

一方、ジムを予約するようにナッジで促しても、当日になって「新しい靴を準備してから行きたい」「雨が降ってきたし、出かけるのが面倒」「今日は仕事を優先する気分かな」とさまざまな理由をつけて、予約をキャンセルすることはよく起きます。

ナッジはそっと後押しするような働きかけであり、一歩目を踏み出すのを助けるのには向いています。しかし、プロセスが長い行動で、誘惑や面倒を乗り越えて行動を継続できるほどの力はないのです。

また、人によってもナッジの効きやすさに違いがあります。マーケティングでよく使われるＡＩＤＡモデルで考えてみます。ＡＩＤＡモデルとは、人が行動を起こすプロセスを、

Attention（無自覚、無関心）
→Interest（関心）
→Desire（欲求）
→Action（行動）

の４段階に分けたフレームワークです。

ナッジはあくまでそっと後押しする手法であり、ＡＩＤＡモデルの１段分を進める

くらいの力であることを考えると、Desire段階の人（やる気はあるけれど、認知バイアスによって行動を後回しにしている層）に用いて、確実にAction（行動）に進めることに注力したほうが現実的です。

Attention段階の人（無関心層）を行動させたときに達成感を覚えますが、AttentionからActionまで進むには、道のりが長すぎる場合も多く、最優先にするかは慎重に判断したほうがよいです。

コラム

ナッジではないもの

本来はナッジの定義に入らないのに、あたかもナッジのように扱われているものもあります。代表的なものは、相手の意に反した行動へ促すアプローチ方法です。例えば、ダイエット中の人に、認知バイアスを刺激して菓子パンを売るのは、マーケティングであり、ナッジではありません。

ナッジは行動経済学の理論であり、認知バイアスの影響で合理的行動ができずに困っている人を支援するための手法です。「ダイエット中に菓子パンを食べて長期的な満足に繋がる」ということは考えづらく、後悔する可能性が大きいので、そのような場合にはナッジの手法を用いてはいけないのです。

「やりたくない」と感じる4つの瞬間

スポーツでは、基本的な型（フォーム）を繰り返し練習します。型を押さえないまま我流で練習すると、上達しないばかりか、怪我に繋がることもよく見られます。職場で人を動かす場面でも、型（専門用語で「フレームワーク」と呼びます）を活用せずに我流で進めるとすれ違いを生み、労働生産性が低下しやすくなります。

多くの研究から、頭でわかっていてもその通りの行動ができない場面として「面倒」「魅力がない」「やっているのは自分一人だけだと感じたとき」「タイミングが悪い」の4つがわかってきました。この4つの背景にある認知バイアスを見ていきます。

現在バイアスが強い人は、面倒だと思ったものはすぐに後回しにしたくなります。

現状維持バイアスが強い人は、今まで通りのアプローチを受けると「魅力がないからやらない」となりやすいです。

同調バイアスが強い人は、「周りは誰もやっていない」と感じると行動にブレーキをかけたくなります。

そして人は、タイミングによって判断が大きく変わります。裁判官のような理性的な判断を求められる人でも、同様です。次の研究をご覧ください。

研究

イスラエルでは、裁判官による囚人からの仮釈放申請に対する承認率は、昼休み直前はほぼ0％で、昼休み直後は65％に増えました。

裁判官が仮釈放を承認するには明確な理由を示す必要があり、面倒な手続きになります。それに対して**却下は現状維持であり、最もラクな判断**です。

裁判官の現状維持バイアスは「もう、却下しちゃえ」と囁きます。それでも理性の力があれば現状維持バイアスに抗い、「面倒でもきちんと判断しよう」とすることができますが、昼休み直前の疲れたタイミングでは理性が機能しないのです（理性は一般的に、朝が最も強く、時間とともに摩耗し、昼休み直後には一度回復し、また疲れると弱くなっていきます）。

ナッジ効果を高めるチェックリストＥＡＳＴ

「面倒」「魅力がない」「自分一人だけ」「タイミングが悪い」と感じると行動しない

ということは、この4つの阻害要因をクリアするナッジを設計すると行動に繋がりやすくなるはずです。それがEASTフレームワークです。

EASTとは、簡素化（Easy）、魅力的（Attractive）、社会性（Social）、タイムリー（Timely）の頭文字を取ったものです。

EASTに反したものが1つでもあると、直感的に行動が止まりやすくなるため、「これらに反したものがないか」のチェックリストとして用います。職場でのコミュニケーションがうまくいかないときにはEASTを確認してみるとよいでしょう。

■簡素化（Easy）

簡素化ナッジとは、**面倒を取り除き、シンプルで明確にすること**です。具体的には一貫して1つのメッセージを伝え、行動の阻害要因を除去することです。メッセージが多かったり途中でぼやけていたりすると、私たちの直感は持ち前の面倒くささを発揮して、行動が止まってしまうのです。だから明確な指示が必要になります。

ケース

専務は工場の敷地内に「ここは海抜3メートル」と書かれたスチール板を掲示し、「これで津波が来てもちゃんと避難できる」と胸を張りました。それを見た社長は「実際に津波が来たら、どの方向に逃げればよいのかな?」と聞きました。専務は急いで周辺の海抜を調べました。

これが明確な指示がない状態です。津波警報が出た際に必要なのは「右側に逃げてください」という矢印を示すことです。これだと多くの人は右に逃げることができます。

明確な行動指示は「矢印」のように最初から最後まで一貫しています。私はメッセージを出すときには、まずは矢印を明確にします。矢印が抽象的なままだと、相手はうまく受け取れず、すれ違いが発生してしまうからです。

「一本の矢印」の重要性をイメージするには、健康診断のお知らせがわかりやすいです。そのお知らせに、健診の日時と場所と申込方法といった「今すぐ申し込んでくださ い」というメッセージに関するものだけ書かれていれば、大勢の人は誤解なく受け取ります。

でも、そこに「普段から健康に気をつけましょう」というメッセージも入れると、受け取る人の中には「普段から健康に気をつけているので、受けなくてもいいかな」という解釈をする人も出てきます。さらに「結果が悪かったらすぐに検査を受けてください」と書くと、リスク回避バイアスの強い人は健診を受けたくなくなります（実際に、リスク回避バイアスの強い人ほどがん検診を受けたがらないのです）。

発信する側は「せっかくだから多くの情報を詰め込もう」という気持ちが生まれやすいです。でも、１本の明確な矢印にして伝えないと、相手は誤解して別の矢印を受け取ってしまう可能性が高まります。

コラム

高校数学は大事だった

私が簡素化の話をすると、よく「全ての情報が大切なので、簡素化するのが難しい」という相談をいただきます。確かに全ての情報には、何らかの意味があります（だから盛り込んだのですよね）。しかし、相手は認知バイアスの塊であり、大量の情報を見た瞬間、尻込みしてしまいます。

この相談に対しては、私は「**積分に繋がらない微分はしない**」と回答しています。「微分積分」には嫌な響きがありますよね（笑）。でも、この考え方は必ず皆さんを助けます。まずは漢字をよく見てください。

積分とは「積み上げる」の意味です。イベントの場合、「参加者を最大限に積み上げること」が積分に相当します。

どちらの県の面積が広い？

①青森県

②秋田県

微分は「少し増やす」の意味です。「この1文字を増やしたら、参加意欲は高まる？」を検討します。「今まで入れていたから」「スペースが空いたから」「アリバイ作りのため」。これらは矢印を曇らせる「ノイズ」となる可能性があります。積分に繋がらない微分となっている箇所を削除するだけで、メッセージが明確になり、伝わりやすくなります。

ケース

講演会で上にあるようなスライドを見せてクイズを出したところ、大半の人が「青森県」と答えました。

実際には秋田県のほうが広いです。でも、文字が見づらいと、どんなに正しいものでも「間違っている」と判断されてしまう傾向があるのです。

本当は文字のサイズと内容は無関係なはずですが、「**見やすいからには正しい**」と**直感的に考えてしまうのです（認知容易性バイアス）**。そのため、相手にとって見やすいものになっているのかをチェックすることが重要になります。

■魅力的（Attractive）

魅力的ナッジとは、目立たせることで行動へと促すナッジです。代表的なものには、男子トイレの小便器の的のようにゲーム要素を取り入れた「**ゲーム化ナッジ**」、階段にピアノの鍵盤模様を描いてその上を歩いてみたいと思わせる「**プロンプティングナッジ**」があります。

お便りを送る場合には、担当者の写真とメッセージを入れる「**顔のあるナッジ**」、4コマ漫画で目を引く「**顕著性ナッジ**」が向いています。

しかし、魅力的ナッジは綿密な設計にしないと「ただやかましいだけ」となり、簡素化要件に反したものになってしまうことがよく見られます。このため、魅力を損ねる要素の除去から始めることをおすすめします。

■ 社会性（Social）

これは他者の存在に影響されやすい特性に訴求したナッジです。次の研究をご覧ください。

研究

「あなたの電力消費量は近所の世帯と比べて○ワット多いです」という情報提供とともに、世帯ごとに省エネアドバイスを送ったところ、１・４〜３・３％の節電に繋がった。

この研究では、**他人と同じ行動をしたくなる特性に訴求した同調ナッジ**が使われました。

「省エネしましょう」「節約して財布に優しく」といったメッセージではなかなか動かなかった人も、地域の皆がやっていることは気になったようです。

コラム 研究

同調ナッジは要注意

アメリカのアリゾナ州にある化石の森国立公園では、観光客による化石の持出しに悩まされていました。そこで公園当局は持出し防止の看板を設置しました。

看板1「一人が化石を少しずつ取っていくと、年間14トンにもなります」
看板2「化石を持ち出さないでください」

看板なしの状態では観光客のうち3％が化石を持ち出していましたが、看板1を設置することで持ち出す人が8％に増え、看板2を設置すると2％に減りました。

看板なしの状態に対し、看板1を設置したときには持出しが3倍近くに増えました。看板1は持出しに少しでも興味のある人にとって、「大勢が持出ししている」と同調バイアスに訴えるものだったのです。

正しくは「大勢のお客様は持出しをしていません」とすべきでした。このように、大勢の望ましくない行動を示すと、逆効果になる可能性があります。

よく「当営業所のEラーニング参加率が全社ワーストです。積極的な参加をお願いします」のようなメールが届くことがあります。これは「皆が受けていないなら、しばらく様子を見てみよう」というネガティブな同調バイアスを刺激する、危険なメッセージです。それよりは「毎月２％ずつ参加者が増えています」「あと３人登録すると、隣の営業所を抜きます」といったポジティブな同調効果に訴求するメッセージにしたほうが参加意欲を高めます。

■タイムリー(Timely)

これは「疲れていないとき」「行動の直前や直後」「最初と最後」といった行動しやすいタイミングを見計らって働きかけるナッジです。

疲れているときや空腹をガマンしているときに認知バイアスに強く影響されることは、先ほど裁判官の事例で紹介しました。提案をするタイミングを選べるのなら理性が枯渇した夜遅くを避け、朝一番にしたほうがよいでしょう。

また、**行動の直前や直後にリマインドする**と、忘れずに済みます。玄関の消毒液利用の場合は、消毒液の前に「ここに消毒液がありますよ」と目立たせると、うっかり通り過ぎる人が減ります。仮にやり忘れたとしても、直後に「忘れていますよ」と教えてくれれば、すぐに戻って消毒できます。

直前と直後が大切ということは多くの人が理解していますが、実際には的外れなタイミングで注意喚起する場面がよく見られます。

ケース

外部講師を呼んで社内研修を行いました。研修の途中で、「総務からのお知らせです。朝、熱があった人は出社をお控えください。また、玄関に消毒液を設置しています。ご利用くださるようお願いします。繰り返します……」とアナウンスが流れました。外部講師はうんざりした表情を浮かべていました。

既に出社している人に対して、「朝の時点で熱があれば来ないでください」と言っても、「私は熱がありました。帰ります」なんて人は、ほぼいません。このアナウンスは玄関で行うべきだったのです。

そして、人に伝えるときには最初と最後の言葉が重要になります（初頭バイアスと終末バイアス）。「では、最初と最後のどちらが重要ですか？」と聞かれたら、私は「**最初**」と答えます。次の研究をご覧ください。

研究

青森県庁職員を対象に健康教室を開催しました。最初に「努力が実を結んだ経験を発表し、周りがそれを褒める」というグループワークをした後で、「体重測定すると肥満予防の一助になる」という情報提供を行ったところ、半年後に6割の人が定期的な体重測定を継続しました。

これは最初に「どうせ無理」というマインドを「やればできるマインドセット」に変えたことによって、その後に受けた健康情報を柔軟に受け入れ、行動定着に繋がったと考えられます。

まずは第一印象をポジティブなものにすることで、メッセージが伝わりやすくなり、その後の行動に繋がる可能性が高まります。

EASTの要素に反したものを除去するだけで、メッセージが伝わりやすくなります。

しかし、実際には職場の悩みにはそれだけでは解決できない場合もあります。それに対しては第3章以降でナッジを用いた具体的な解決策を提案します。

第 3 章

成果が出ないと感じたら

――労働生産性を高めるためのナッジ

日本の労働生産性はアメリカの約3分の2です。単純計算すると、アメリカ人と同じ成果を得るには、1・5倍働かなければいけないことになります。認知バイアスによってコミュニケーションがすれ違うと、労働生産性はどんどん低下していきます。

それを踏まえ、労働生産性を高めるナッジを提案します。

会議を意義あるものにするには？

私がクライアントから受ける相談でとくに多いのが「説明が冗長で、結論に無関係な議論によって長引く会議は何とかならないか」という相談です。これこそ労働生産性の低い会議であり、次のような特徴があります。

・冗長な挨拶での開始

長い挨拶で始まる会議はネガティブな第一印象を与えます（初頭バイアス）。主催者による「業界を取り巻く状況は非常に厳しく、予算も削減傾向にあり……」といった冗長な挨拶を聞かされた参加者は否定的バイアスが強くなり、少しずつ不快になっていきます。

・事務的説明／疲れた状態で議論

次に問題になるのは「事務的な説明」です。長い説明を聞かされた参加者の頭の中はどんどん疲れていきます。

そして疲れた状態で議論が始まると、理性がきかなくなり、各種認知バイアスに影響された感情的な発言が目立つようになります。特定の参加者が議題に関係ない話をし始め、誰も止められなくなって他の参加者はうんざりしてきます。

・結論の先送り／時間オーバー

参加者は会議が定時に終わることを期待しているため、終了5分前くらいから時計が気になり出します。そのため時間がオーバーし、さらに会議で結論が出ない事態になるとがっかりします（終末バイアス）。

これらに対し、ナッジによる解決策を提案していきます。

■ 挨拶は廃止：初頭ナッジ

会議や打ち合わせの際、主催者による儀礼的な挨拶をワクワクしながら聞いている参加者はあまりいません。そのため、挨拶をカットして第一印象をよくする設計にすることをおすすめします（簡素化ナッジ）。

もし、挨拶を急にやめられないのなら、「お忙しいところお越しいただき、ありがとうございます。いい議論ができるのを楽しみにしています」といったコンパクトでポジティブな挨拶にしてはいかがでしょう。すぐに本論に入ることで、冗長な印象が薄れます。

■ 資料の事前送付ルール：デフォルトナッジ

限られた会議時間の中で、事務的な説明の時間はコントロール可能です。**「当日の説明はゼロ」を初期設定にし（デフォルトナッジ）**、当日に説明するのはあくまでも例外という取り扱いをおすすめします。

参加者にとっては不完全でも事前に資料を送ってもらい、「事前配布したデータは、その後2か所更新されました。その部分を補足します」と当日説明されるほうが、長い説明がカットされて嬉しいのではないでしょうか。

■ ホワイトボードに欄を作る：フレーミングナッジ・メッセンジャーナッジ

ファシリテーション機能を発揮できない人が司会に選任されてしまうと、認知バイアスに振り回された発言をうまくマネジメントできません。その場合は、**若手社員を書記に指名する**ことがおすすめです。若手社員がホワイトボードに「テーマ」「現状」「選択肢」「根拠」と書くことで、参加者はこれから何の話をするべきなのかが明確になります（フレーミングナッジ）。参加者はこれに沿わない話をして、そのままホワイトボードに書かれてしまうのは気が引けるものです。

若手社員はホワイトボードに発言要旨を書くのが業務なので、冗長でわかりにくい発言に対しては「申し訳ございません。もう一度要点をまとめていただいてもよろしいでしょうか？」と言えます。これに対して「ちゃんと聞いていなかったのか！」と激怒する人はほとんどいません。仮にいたとしても、周りが「大人気《おとなげ》ないことするなよ」と諫めることでしょう。多くの人は、できることなら若者の手本になりたいと願っています。そのため、**同じ質問でも、若手に言われると素直に受け入れやすくなります**（メッセンジャーナッジ）。

■ 終わり方の設計：終末ナッジ・目標勾配ナッジ

会議をスッキリとした形で終えることで、肯定的な終末バイアスが働き、決定事項が実行に移される可能性が高まります。そのため「終わる5分前に終了予告をし、時間通りに終わる」「終わりの言葉をあらかじめ決めておく」の2点を設計しておく必要があります。

「終わる5分前の予告」が重要なのは、緊張の糸が多少緩んでいる参加者でも、「**あと5分」と言われると、無意識のうちに前のめりになって聞くようになる**からです。

もし5分で足りないのなら、10分前に予告すればよいでしょう。

このように「ゴールまであと少し」とわかるとラストスパートをかける特性に訴求したアプローチを「**目標勾配ナッジ**」と呼びます。時間通りに終わる姿勢を鮮明にすることで、参加者は時間内終了に向けて一丸となって協力したくなるものです。

そして最後に「実りあるディスカッションとなり、ぴったりの時間で終わることができました。皆さんの御協力に感謝します」といったコンパクトな言葉で終われば、参加者は「段取りがよい会議だった」という印象を持ち続けることができます（終末ナッジ）。そのためにも終わりの言葉をあらかじめ決めておくことが不可欠です。

逆に、会議の終わりに言うべきでないのは、「言い忘れたことの補足」と「事務連絡」です。早く帰りたい参加者にとって、補足や事務連絡は余計なノイズであり、後日、会議録送信のメールに添付すれば済む話です。会議の最後に余計な補足を付け加えると、参加者は「この会議は段取りが悪かった」と全体のイメージを置き換えてしまいます。後半になったらいかに美しく終われるかに注力しましょう。そこに言い忘れたことを補足する余地はありません。

リモート会議で意見が出るようにするには？

最近、「リモート会議で意見がなかなか出ない」という相談が増えてきました。リモート会議では、お互いの表情や仕草、空気感がわかりにくく、言語情報が中心になってしまうため、「安全策として、発言しないで皆の様子を見ておこう」という選択をしやすくなります。

この膠着状況を打破する最初の1人になるのは、かなりの勇気が必要です。そして勇気を出して発言しても、他の参加者の反応がわからないと、「やめればよかったかも」という後味の悪さが残ります。**頑張った割に得るものが小さいため、積極的に発言しようとする動機が生まれない**のです（損失回避バイアス、リスク回避バイアス）。

発言を促すためによく行われるのは、上司が「誰も発言しないのか？　意見がないなんて、あり得ないだろう」と、参加者を鼓舞することです。しかし、「上司に強く言われて、重い腰を上げたと思われたくない」という心理が働き、逆に手を上げづらくなるものです。

また、上司から発言者をその場で指名することもよく行われます。適切な人を指名できればよいのですが、心の準備ができていない人に当たってしまうと、冗長な話が始まってしまう可能性があります。上司も指名した手前、発言を止めさせることができません。このような事態に陥らずに積極的な発言を引き出すためには、次のナッジが効果的です。

■事前に意見係を指名：同調ナッジ

事前に意見係を2人指名することで、指名された人は心の準備ができます。また、周囲の人は、2人が発言した後なら3人目として手を挙げるのはそんなに難しいことではなくなります（同調ナッジ）。参加者は「あの人は事前に指名された」とわかっていても、自分が**最初の1人になるプレッシャーさえ回避できれば、あとは比較的ラクな気持ちで発言できます。**

■リアクション：フィードバックナッジ

最初の発言者に、「いいねマーク」などのリアクションがたくさんつくと、発言を歓迎する空気感が醸成され、次の人は発言しやすくなります（フィードバックナッジ）。そのためにも、まずは「発言した人にはリアクションボタンをお願いします」とルールを明確に伝え（明確化ナッジ）、そして司会者自らが「いいね」を押すことで他の参加者も押すようになります（同調ナッジ）。これはリモート会議の特性を活かしたナッジです。

■ 無記名投票：心理的安全性ナッジ

それでも意見が出ない場合は、アンケートフォームを用意して「この議案に、賛成・やや賛成・どちらでもない・やや反対・反対」に無記名投票してもらうと、「最初の1人になる」「発言に責任を持つ」というストレスから解放されます。これもリモート会議の大きな利点です。

とくに新規事業などの会議では、自分が口にした賛成意見が議事録に記載されると思うと口が重くなります。新規事業はリスクを伴うものであり、多くが失敗します。そして、失敗の後で「あのとき賛成した人は責任を取れ」という後知恵バイアスによる攻撃にさらされたくないものです。リスク回避バイアスが強まり、**全員がノーリスクノーリターンのスタンスを取ると、いよいよその会議は十分な機能が期待できなくなります。**

これに対しては、無記名投票制にして、参加者に心理的安全性を確約することで、柔軟な意見が出やすくなります。

また、こうすれば誰からも意見が出ないまま、偉い人の〝鶴の一声〟で決まる事態をも防ぐことができます。〝鶴の一声〟が常態化すると、「偉い人が言うまで黙っていよう」という受け身の姿勢を生みやすくなり、**集団的浅慮（個人の考えよりも集団の意思決定のほうが浅はかなものになる現象）**が起きやすくなります。せっかく集まって会議するのですから、集団的浅慮よりも集合知を試すほうが望ましいですよね。

発言に責任が伴う議題の場合のみ、記名式に変えればよいのです。

コラム

■ リモート会議のマナーは必要？

私は「リモート会議が当たり前になったことで、上司より先に退出してはいけないなどの新たなマナーが出てきました。これについて、どう思いますか？」と聞かれることがあります。行動経済学の観点からは「まずは、エビデンスベーストのナッジを設計することを優先したほうがよい」と考えます。退出の順番まで気にし出すと、大切な理性がすぐに枯渇し、肝心な場面で認知バイアスに振り回された言動が出やすくなってしまいます。それを踏まえ、私は「マナーは美しい所作をしたいという内なる動機でしょうから、守りたい人は守ればよいと考えています。マナーを他人に強制すると、お節介の域を超え、美しくありません」と答えています。ちなみに私はリモート会議では誰よりも早く退出しています。

会議での同調圧力を減らすには？

同調バイアスと内集団バイアスが高じると、集団内のルールに従わせるような「同調圧力」が出てきやすくなります。とくに職場は毎日同じ人が机を並べていることから、同調圧力が働きやすい環境にあります。

同調圧力に支配された会議では、参加者はマジョリティに反する意見を言おうものなら理不尽な仕打ちが待っていることを知っているので、たいていの人は黙っています（損失回避バイアス）。失敗する確率が高いと思う提案でも、「もっと具体的に進みだしたら、そのときにまた考えればよい」と、面倒なことを先送りしたくなります（現在バイアス）。その結果、集団的浅慮によって決められた事業には誰も熱心に取り組もうとしなくなり、ますます失敗確率が高まります。これは深刻な状況で緊急に手を打つ必要があります。
ここでは、会議での同調圧力を低減するためのナッジを提案します。

■ 褒める：特別感ナッジ

1人目の意見はそれだけで貴重です。褒め言葉を複数用意し、ベストなものを届けてください。

ただ、せっかく同調圧力に負けずに出てきた意見でも、整理されていない内容では耳に入ってきません。そのようなときは、司会は「これは面白い意見ですね。○○という趣旨でよいでしょうか？」とフィードバックするのがよいですね。発表者は自分の発言がうまく伝わらなかったことを自覚しています。それでもフィードバックがあると、「特別なものとして受け入れられた」という満足感が残り、発言内容が整理されることで次の意見が出やすくなります。

■ 悪魔の代弁者：役割ナッジ

同調バイアスに関する古典的な実験があります。

実験

B＞A＞Cの順に長い3本の線があります。「どれが最も長い？」との問いに対し、6人（全員サクラ）が順に「C」と答えた場合、7人目（本当の被験者）がCと回答した率は38％でした。一方、6人の中で1人でもBと答えた場合、7人目がCと答える率は6％まで減りました。

このように、1人が反対意見を言うだけで、同調バイアスが緩和される可能性があります。それには、最初の1人が出るように設計する必要があり、よく行われるのが「悪魔の代弁者」システムです。悪魔の代弁者とは、**あえて反対意見役の人を最初から設定することで、疑問点や反対意見を出させる仕組み**です。

悪魔の代弁者の語感に嫌悪感を持つ人もいるでしょうから、「ディベート方式を導入しよう」と提案し、「あなたは反対派として主張してください」と役割を与えるのが現実的です。「他社でも導入してますよ」と言うと、抵抗なく受け入れられやすくなります（同調ナッジ）。ビジネスパーソンの性《さが》として、役割を果たすために反対意見を言うようになるはずです。

冷静な決断をするには？

最近、「新しい提案をしても『最初の2回はとにかく却下し、3回目は原則承認する』というスタンスの管理職に困っている」という相談をいただきました。確かに私が若い頃は、このような管理職はよく見られました。今でも残っているところを見ると、この対応は管理職にとっていろいろと都合がいいのかもしれません。

しかし、その代償として、大勢の社員の労働生産性やモチベーションは大きく下がります。管理職に求められているのは大枠の決断であり、重箱の隅をつつくような指摘ではありません。重要な決断を求められる場面で認知バイアスに振り回された決断をしないためには、管理職は自分自身の認知バイアスを軽減するナッジをしておく必要があります。あなたが管理職なら、組織のためにもぜひセルフナッジ（自分自身へ行うナッジ）を試してみてください。

■場所を変える：リフレッシュナッジ

同じ場所にずっといると現状維持バイアスが強くなり、視野が狭くなっていきま

す。そのうえ、1時間座位を続けていると寿命が22分短くなるように、座りっぱなしは心身に負担をかけます。[6]

一方、打合せの場所を変えるようにすると、歩くことでリフレッシュ効果が生まれ、現状維持バイアスも軽減されることが期待できます。せっかく歩くのなら歩幅を大きめにし、少し早足にしたほうがリフレッシュしやすくなります。

■「自分も相手も認知バイアスの塊」と認識する：実行意図ナッジ

「人は皆、認知バイアスの影響を受ける」ということを忘れてしまうと、認知バイアスに振り回されやすくなります。だからこそ、理性が働いているうちに「このような状況で、こんなことをつい言いたくなったら、深呼吸をして少し間をとってみよう」と**事前に決めておくことが効果的です（実行意図ナッジ）**。

もし「今まで通りでいいじゃないか？」と考えたくなったとしたら、それは現状維持バイアスや投影バイアスによるもの、同じく「絶対にミスは許されない」と考えたくなったら損失回避バイアスや否定的バイアス、「若手の提案は1回却下してみよう」と考えたくなったらメッセンジャーバイアス……と認知バイアスの影響を意識し、とらわれない準備をしておくことで、バイアスの影響にブレーキをかけることが

6　この論文は正確には「座ってテレビを1時間見ると、寿命は21.8分短くなる」という結論になっています。リラックスしてテレビを見ているのに比べ、職場でストレスを抱えながら座りっぱなしだと、もっと寿命が縮むかもしれません。

できます。「無防備でのぞんでも私は大丈夫」と思っていたら、それこそが自信過剰バイアスの思うツボです。

■背筋を伸ばす：初頭ナッジ

自分の知らない事柄についての提案を受けたら、「本当に大丈夫なのか？」「やらないほうがいいと思うけれど……」といった後ろ向きのスタンスを取りたくなるものです（否定的バイアス、リスク回避バイアス）。それに抗うには、まずは姿勢を正しておくのがおすすめです。**背筋を伸ばすと、ポジティブな気分になる**からです。だから、着席したら、深く腰掛けて、背筋をピシッと伸ばしてください。

上司が背筋を伸ばすと、同調バイアスが働き部下も背筋が伸びるようになり、お互い前向きな気持ちで話ができそうです。

重要な仕事を後回しにしないためには？

重要な仕事を後回しにすると、大きな価値を生むチャンスを失い、労働生産性が低下しやすくなります。しかし、重要な仕事ほど怯《ひる》んでしまって先送りにしてしまう人はたくさんいます。現在バイアスが強いことを自覚している人は、上司に「締切り1週間前に決裁に回すので、その日は空けておいてください」と言うことで、**自分自身に対する先送り防止（セルフナッジ）をすることができます**。しかし、多くの人はこのような自覚を持っていないので、締切り直前で慌てないように上司が先回りしてナッジを設計しておくなど、少しお世話を焼いたほうがよい場合が多いと考えられます。

■ 課題の細分化：スモールステップナッジ

研究

大学生を3グループに分け、グループAには「レポートを1か月後に提出してください」、グループBには「レポートを3分割して提出してください。ただし、1回目と2回目のレポート提出日は自分で決めてください。3回目は1か月後です」、グループCは「レポートを10日ごとに3分の1ずつ提出してください」と指示しました。

1か月後、グループCは提出率も質も最も高く、グループAが最も低いという結果になりました。

最終的な締切り時期は全グループ同じ1か月後です。しかし、現在バイアスや楽観性バイアスが強い人は、「自分は追い詰められたほうが真価を発揮する」などと言い出し、後回ししやすくなります。とくにグループAの場合、最終的な締切り以外、何も決まっていませんから、こうした人はどんどん先延ばししやすくなります。

これに対し、グループCのように**課題を細分化して目の前に小さなゴールを設定すると、それに向かって着手する確率が高まります**（スモールステップナッジ）。

このナッジは上司にも「進捗を管理しやすい」というメリットがあります。最初から「この日に進捗を報告」と決めておいてスケジュールに入れておくと、あとは部下が自発的に報告してくれます。少なくとも「なんでここまで放っておいたんだ？」という事態は避けられそうです。

コラム

■ **私が毎日スクワット50回を継続している理由**

私は毎日スクワットを50回以上することを継続しています。それは自宅の壁に「スクワット1回」という貼り紙をし、その壁の前を通るたび、どんなに気分が乗らないときでも必ずスクワットを1回はするようにしているからです。思いきり低い目標を掲げ、やらない理由をなくしたのです。

なによりスクワットを1回行うと、現状維持バイアスが働き、5回、10回と続けたくなります。もしも貼り紙を「スクワット50回」にすると、私は直感的に「どうせ無理」と諦めてしまい、1回もやらなかったことでしょう。0→1が面倒なだけで、1→10はそんなに苦にならないものです。その意味から、「1」の状態を確実に作ることに注力するほうがよさそうです。

■ **場所と時間を宣言：コミットメントナッジ**

研究

アメリカの大学で、あるクラスでは、学生のレポート提出率は33％でした。しかし、別のクラスではあらかじめレポートを書く時間と場所を宣言するよう指示したところ、提出率は75％に高まりました。

このように**開始する時間と場所を決めて書き出すことで、具体的な行動のイメージがわきます**（実行意図ナッジ）。さらに**宣言させることで、「やらないと恥ずかしい」という気持ちが生まれます**（コミットメントナッジ）。

上司の中には、「締切りまでに提出しないと、評価を下げるぞ」と〝圧〟をかけて、仕事を急がせる人もいます。確かにそれでも一定の効果はあるでしょうが、直前にやっつけ仕事をして提出する可能性があります。〝圧〟をかける前に、コミットメントトナッジを試したほうがよさそうですよね。

残業を減らすには？

長時間労働は心身の疾病リスクを高め、労働生産性を下げます。時間をかけて、命を削って、質の悪いものを作ってしまっては、割に合いません。

ただし、どこの職場にも恒常的に残業している人たちがいるものです。**残業が多い人には、現在バイアスや同調バイアスが強い傾向が見られます。**

まずは現在バイアスの強い人が引き起こす問題として、次のケースをご覧ください。

ケース

P社への提案書の締切りが翌日10時に迫ったのに、まだ半分しかできていません。担当者はラストスパートをかけて終電までに完成させ、翌日の朝一番に決裁を受けて9時55分にクライアントにメールで送信しました。提出後に誤字が何箇所か見つかり、差し替え版を送りました。

後日、社内会議で「P社から取引きを打ち切られた。何か不手際があったのか？」と話題になりました。社内ではその担当者を含め誰も身に覚えはないと答えました。

担当者は残業して締切りに間に合わせることができました。しかし、時間や労力（インプット）が提案書の質（アウトプット）に反映されず、何よりクライアントの満足度（アウトカム）に繋がっていなかったのです。

締切り直前は、新たなアイデアが浮かんでも、それを吟味して全体を再構成する時間がありません。また、疲れが出てくるにつれて現状維持バイアスが強くなるため、提案書は魅力に欠けたものになります。それでも上司が適切に修正できれば挽回可能ですが、直前になって「今すぐに決裁してください」という状況だと、それもできません。

一方、クライアントは魅力ある提案書を期待して発注したにもかかわらず、1ページ目から誤字脱字があると、最初にネガティブなイメージが植え付けられます（初頭バイアス、否定的バイアス）。差し替えを送られても、印刷して差し替えるというのは面倒です。不満があるなら再提出を指示すればよいのかもしれませんが、再度やっつけ仕事の成果品を出されるリスクを考えると、二度とこの会社には発注しない、と考えます（リスク回避バイアス、帰属バイアス、結果バイアス）。

■早めに締切り延長を打診：スモールステップナッジ

前述の通り、重要な仕事に対しては、上司がこまめな締切りを設定したほうがよいです（スモールステップナッジ）。そしてその締切りが守られなかったら、管理職からクライアントに早めに締切り延長を願い出ることをおすすめします。

「締切りを守らないと、クライアントからの評価が下がる」と思われやすいですが、**実際にはクライアントからの評価は下がらず、期限延長を認める傾向にあることが示されています。**

なお、「1回延長したのに、それが間に合わなくて再度延長」となると、さすがにクライアントからの評価が下がることは避けられないと想定されるため、延長期間は長めに設定したほうがよいでしょう。

締切り延長の依頼は担当者が行うよりも管理職が行うことをおすすめします。理由は、「組織としての依頼です」というメッセージがクライアントに伝わりやすいこと（メッセンジャーナッジ）と、**担当者が行うとバツが悪いので、つい短めの延長期間を設定してしまいやすくなる**ことが挙げられます。

さらに管理職が延長交渉を行うことで、担当者は「これ以上迷惑をかけられない」と考えて、今度こそは締切りを厳守すると期待されます（返報性ナッジ）。

コラム

遅く提出したほうがよい？

数年前の出来事です。依頼を受けてから、30分で成果物を提出したところ、「全体的に改善の余地があります。もっとよく練り直してください」と言われて返されました。具体的な指摘がないので私も困り、しばらく置いておいたまま存在を忘れてしまいました。そして締切り3日前に気づいて見直し、表現を2か所修正して提出したところ、先方から「これでいきましょう！」との返事をいただきました。同じものでも、あまり早くに提出すると「手間をかけていないので、手抜きでは？」という疑いの目で見られ、締切り間近だと「じっくり考えたもの」という目で見られるようです。それ以来、私は30分で完成したとしても、提出は締切り3日前にするようになりました。

でも、これは「早くに提出すると損」「ギリギリになって一斉に提出」という現象を生み、依頼した側もされた側もデメリットがあります。「早く提出されたものは高く加点」といった制度を取り入れたほうがよいですね。

次に2つ目の残業要因である、同調バイアスを見ていきます。

■勤務時間で色分け：顕著性ナッジ

多くの看護師は超過勤務すると医療事故に繋がりやすいので、時間外勤務をしないほうがよいとはわかっています。でも、同調バイアスが強いと、平等主義が高じて、「皆が残っているから、私も残業」となってしまい、危険です。それにブレーキをかけることができたのが次のケースです。

ケース

熊本地域医療センター（熊本市）では、看護職の制服の色を「日勤は赤、夜勤は緑」にした結果、1人当たりの年間残業時間が日勤では112時間から22時間へ、夜勤は1・2時間から0時間へ減りました。

制服の色を変えたことによって、看護師の勤務シフトが一目でわかるようになりました（顕著性ナッジ）。赤の制服の看護師たちばかりがいる中で、自分1人だけが緑の制服で残業していると、居心地が悪いものです。今までは「皆が残業していたから自分も」と感じていた人も、残業している人がそんなにいないとわかったことで帰りやすくなりました。

また、医師が制服の色が違う看護師に声をかけなくなったことで、「勤務時間終了間際の頼まれごとによる残業」が減ったようです。

このように色を変えるのはメリットがあり、制服の色を変えるのが難しければ、マスクやネームプレートの色を変えてもよさそうです。

色による残業抑制ナッジは、法務省でも実験的に行われました。午前中にその日の退庁予定時間帯に対応するカードを机のアクリルボード等に貼付する（青色：19時までに退庁、黄色：20時までに退庁、赤色：21時までに退庁）こととし、初期設定は青色に、残業する場合には、本人が別の色に貼り替えるのです。

実験期間後、約70％の職員が「超過勤務が減ったと感じた」と回答しました。それまでは、定時を過ぎても「区切りのいいところまで仕事を進めよう」と考えて作業を止めにくかった職員も、青色のカードが貼ってあると、「皆に青色のカードを示したことだし、今日は帰ろう」という気持ちになったと推測されます。

■ 社長が定時終了を宣言：権威ナッジ

色分け制度の導入が難しい職場の場合、「健康経営銘柄を取得するため、全社で定時退社します」と社長が宣言するのが効果的です。これは社長名による「権威ナッジ」、「会社の健康経営銘柄取得」という理由を示した「利他性ナッジ」「理由ナッジ」、全社で実施という「同調ナッジ」、そして「コミットメントナッジ」が設計されています。

人事部の掲げる「定時退社しましょう」のスローガンがなかなか響かない人でも、社長が宣言をすると「社長の教えを守って、帰らせていただきます」と言いやすくなります。さらに「社員同士の仕事の依頼は16時以降禁止」「17時になったらPCは一度閉じる」といった具体的なルールを設定することで、定時退社に繋がります。

また、残業代や休日手当に魅力を感じて残業していた人も、「残業代は払われるが、社長の教えを守らなかった分、人事評価では仕事の効率が悪いとしてマイナス査定になるかもしれない」と考えると、無用な残業は避けたくなると期待されます（損失回避ナッジ）。そのためにも、社長が率先して定時退社し、残業を前提に仕事配分した管理職には厳しく指導するといった姿勢を見せることで、実効性が高まります。

■ノー残業チーム手当：互恵性ナッジ

財源が確保できるのなら、「ノー残業チーム手当」の設置も効果的と考えられます。これは5人程度でチームを編成し、定時退社する日を決め、その日に全員が定時退社したら、全員に手当が支給されるという制度です。1人でも残業したら、この手当はもらえないため、「皆で残業」から**「皆のために定時退社」へとマインドが切り替わる**ことが期待されます（同調ナッジ・互恵性ナッジ）。

時間外になりそうな業務を依頼されても、「チームに迷惑をかけたくないので、明日以降に改めて相談ください」という理由で、断りやすくなります（理由ナッジ）。

どうしても引き受けなければいけないときは、5人で相談することになります。「原則として引き受ける」から「相談して引き受けるかどうかを決める」に変えることで、相手も余裕を持った依頼をするようになります。

■緊急業務は追加料金：損失回避ナッジ

全社での定時退社を徹底するには、取引先の協力が不可欠です。残業が発生しやすい一因として、**発注元がギリギリに依頼しても残業コストを自分で負担しなくて済む**

構造があります。これに対しては、「翌日締切りの案件は追加料金」という価格形態を設定することで、相手は余裕を持って依頼する動機が出てきます[7]（損失回避ナッジ）。

なお、「取引先との関係上、追加料金の提示はしづらい」といった状況の場合には、価格を見直して**早割制度を導入し、結果として締切り直前の依頼は割高になる形**にすると、追加料金と同様の効果が生じます。あわせて、「多くの取引先はリードタイムを2週間以上設定しています」といった他社情報を提供すると、早めに発注するように促すことができます（同調ナッジ）。

コラム　優先順位の決定は管理職の責務

「時間外勤務5％削減の指示が出されましたが、昨年度から業務は15％増えました。タイムカードを押した後でこっそりと残業すればよいのでしょうか？」といった相談が寄せられることがあります。

これは前提に無理があり、「違法残業を推奨しているのか？」という誤った解釈に繋がる可能性があります。それよりは「業務を3％減らしました。あとは皆さんの工夫で時間外勤務を5％減らしてください」としたほうが、伝わりやすいですよね。

7　なお、手当も追加料金もインセンティブの性格がありますが、ここではナッジの側面から解説します。

限られたリソースの中で、優先順位を決定するのは管理職の重大な責務です。ナッジと並行して、必要性の低い業務を見直すことで「業務が減ったことだし残業ももっと減らそう」となる可能性が高まります。

仕事のやり直しを防ぐには？

せっかく仕様に合わせて書類を作成したり、製品を提出したりしても、「これは求めていたものと違う。やり直し」と言われたら、今までかけた労力も時間も無駄になります。なにより担当者のショックははかりしれません（ＩＫＥＡバイアス）。このすれ違いを防ぐために、受注者へおすすめするナッジを紹介します。

■業務内容の明確化：明確化ナッジ

すれ違いを防ぐには、最初に「ここまで具体化すれば、すれ違うことがないだろう」というレベルまで**ゴールを５Ｗ１Ｈの観点から具体化して共有する**と安心ですよね。このプロセスを嫌がる相手に限って、後で「あのときこう言ったはずだ」と後知恵バイアス的言動が出ることもよくあります。そのような相手には、「この内容で進めます」とメールで送り、記録として残しておき、さらに証人を取っておくのがよいでしょう。先方がやり直しの指示をしようとした際、証人の名前が書かれた記録があると、「さすがにうちの都合でやり直しは問題になるかも」と我に返る可能性があり、相手にブレーキがかかると期待されます。

■ 個別業務の細分化：客観化ナッジ

受注業務は1人で担うよりチームで担当することが多いものですが、一方でチームメンバーが増えるごとに「これは私がやらなくてもよい業務だ」「様子を見ておこう」と手抜きバイアスが発生しやすくなります。いわゆるEverybody's business is nobody's business.（英語のことわざで「全員の責任は無責任」）の事態が生じてしまうのです。それを防ぐには、1人1人の業務を明らかにした上で明確な指示をする「客観化ナッジ」の仕組みがよさそうです。

とくにベンチャー案件においては「走りながら考えるので、役割を決められない」という意見が出てくることがあります。しかし、「問題が発覚したら、その都度決めよう」という形は柔軟で現場に即しているように見えますが、いざ問題が起きたときには手遅れになっていることがよくあります。その場合、**問題を最初に見つけた人は「自分が担当になると面倒だ。見なかったことにしよう」という動機が働きやすくなり、成果物の質が低下します。**

「走りながら考える」はあくまでもコンテンツに対してであり、分担については「お金まわりはAさん」「法律関係はBさん」「エビデンス確認はCさん」とスタートの段階で枠組みを決めておいたほうがトラブル発覚後の押しつけ合いを避けることができます。これを最初に行うことがリーダーの役割です。

大切な予定を忘れないためには?

〝忘却〟は脳の重要な機能です。いつまでも悲しみや恨みを忘れることができないと、前に進めません。しかし、重要な約束もうっかり忘れてしまうのでは困ってしまいます。

忘却に対抗するには、こまめに記録をして、いつもチェックするに限ります。でも、多くの人は自信過剰バイアスによって自分の記憶力を過大評価してしまうため、なかなかメモをしようとしません。それを踏まえ、ナッジによる対策を考えていきます。

■手書きのToDoリスト：スモールステップナッジ

付箋にToDo（やること）リストを書いて目の前に貼っておくことです。これには主に2つのメリットがあります。

1つ目のメリットは「優先順位の可視化」です。私は、ToDoリストにランクをつけ、A（その日のうちにやる仕事）、B（翌日までに完成すればよい仕事）、C（3日以内にやればよい仕事）、D（いざとなれば秘書がやってくれそうな仕事）に分類しています。「今日は10個の仕事がある」と思えばげんなりしますが、「Aは2つでBが1つ、Cが3つでDが4つ」と整理できれば、「少なくともAだけでも片づけるか」と前向きな気持ちになれます（スモールステップナッジ）。

2つ目のメリットは「**達成度の可視化**」です。ToDoリストで完了したタスクをどんどん消し込んでいく瞬間、なんとも言えない快感を覚えます。リストの項目が少なくなるにつれ、**目標勾配バイアス（ゴールが見えるとラストスパートをかけたくなる特性）**が刺激され、モチベーションが高まります。

コラム

■ メールチェックはDランク

1日の仕事をメールチェックから始める人は多いと推察されます。メールの返信が遅れると失礼に当たると考えている人ほどメールが気になるものです。でも、実際には緊急のメールは滅多に来ませんし、返信が半日遅れただけで怒るような人とは、付き合わないほうが精神上好ましいでしょう。

しかし、メールチェックから始めると、次第にウェブニュースも見たくなり、またメールで近況報告しているうちに昼になった、ということも起きます。最も理性が機能するはずの午前中をダラダラと過ごしてしまうのは、実にもったいないのです。

これを防ぐため、私はメールチェックをDランクにし、「重要な仕事が一段落したら、ご褒美にメールチェックする」という扱いにしています。疲れたときにメールチェックすれば、気分転換になってちょうどよいのです。

■アプリの活用：リマインドナッジ

ToDoリストを活用するなら、「リマインド機能」のあるアプリも併せて使用することをおすすめします。スケジュール直前に通知で思い出させてくれれば、大切な用事を忘れるリスクが減ります（リマインドナッジ）。

私の場合、今までは秘書が朝一番に「今日は11時からオンラインでA社とコンサルティング、13時からB社でのオンライン講演、17時までに大学へ書類提出」と予定を伝えてくれました。ここまで至れり尽くせりでも、私は9時から論文執筆に着手すると、集中しすぎてしまい、気が付いたら12時になっていたことがありました（メールボックスを見たら、クライアントからの「どうしましたか？」との連絡に対し、秘書が謝罪していました）。

これを反省した私は「重要な用事の前には論文執筆をしない」という対策を講じましたが、すき間時間を待機のみに使うというのは経済学的に最適な解決方法ではありません。

そもそも限られた脳の容量を「次の予定は11時からオンラインで、5分前にはログインして……」と記憶に使うよりも、忘れそうなタイミングでアプリがリマインドする設定にしたほうが確実です。私はリマインドが1回だけならスルーしてしまうこともあるので、重要な予定は常に複数のアプリからお知らせがくるようにしています。**テクノロジーが認知バイアスによるトラブルを解決してくれます。**使わない手はありません。

スマートフォン依存を防ぐには？

「夜遅くまでスマートフォンが手放せず、睡眠不足の社員が増えている」という相談がコロナ禍を機に急増しました。日本人の睡眠不足は世界的に見ても深刻で、睡眠時間が6時間未満の労働者による経済損失額はGDPの3・2％、約18兆円と試算され、7時間の睡眠を確保すると10兆円以上の経済効果が見込まれます。スマートフォンが便利になるにつれて、睡眠に与える影響は無視できなくなってきました。さらにスマートフォンゲームで高額の課金をしたり、SNSでアンチコメントを書いてしまったりと、睡眠不足以外の問題も引き起こす可能性があります。

私はナッジを使っているおかげで、毎日のスマートフォンの利用時間を30分以内に保っています。私が使っているナッジのうち、3つを厳選して紹介します。

■スマートフォンの魅力を消す：反魅力的ナッジ

私はスマートフォンの画面を白黒にしています。白黒になると無機的な感じになり、用事が終わるとすぐに閉じたくなるからです。私たちはコンテンツが楽しくてスマートフォンがやめられないというよりも、画面がキラキラしていて直感がそれに反応しているからやめられないのかもしれません。スマートフォン画面を白黒にする方法は「スマートフォン画面　白黒」で検索すると出てきて、作業は60秒あればできます。面倒くさがりの私でも、すぐにできました。ぜひ試してみてください。

■理由を教える：理由ナッジ

SNSやスマートフォンゲームメーカーはユーザーが1回でも多く利用すると利益が増えます。このため、アクセスしたくなるように私たちに誘惑を仕掛けてきます(これは企業のマーケティングとして当然のことかもしれませんが)。スマートフォンに誘惑が多い理由を知ることで、「とりあえずスマートフォン」というスタンスから脱却する一歩になり得ます(理由ナッジ)。そして「タダより高いものはない」と自分自身を納得させられると、「私の時間は安くないよ。本当に必要なときだけしか使ってあげない」

と立場を逆転させることができます。

■夜はスマートフォンに触らない：反アクセスナッジ

スマートフォンがやめられない時間帯は、夜です。午前中にゲームをした場合、理性が機能しているので飽きたらやめられます。しかし、夜になると理性が枯渇し、心の中では「もうやめたい」と思っていても、現状維持バイアスがやめさせてくれないのです。そしてSNSやスマートフォンゲームの運営会社もユーザーが夜になると現状維持バイアスが強まることを知っているので、やめさせないような仕掛けをしてきます。

これに対して意志の力で抗うのは難しいです。それよりも「21時になったら、スイッチを切る」「スマートフォンを視界から隠す」といった物理的な距離を取ることのほうが現実的です（反アクセスナッジ）。

直感は面倒くさがり屋な性格なので、わざわざスマートフォンを探し出してスイッチを入れるなんてことは、あまりしたくはないのです。

スマートフォンは誘惑の塊であり、なかなか手放せないのは仕方がないのです。これらのナッジで1週間に1度でも夜にスマートフォンに触らない日があれば、成功と考えてよいと思います。

それでもスマートフォンを少しも手放せない場合は、電波の通じない山奥のコテージに一泊してみてはいかがでしょうか。スマートフォンを使わずにゆったりとした時間を過ごすことを体験すると、スマートフォンとの向き合い方が変わってきそうですよね。

第4章

モチベーションが低くなったら

―やる気を引き出すためのナッジ

上司の一声でモチベーションは高まり、ハラスメントがあればモチベーションは一気に下がります。

ビジネスシーンでモチベーションを維持し、さらに高めていくためのナッジを提案します。

パワハラ防止には？

経営学では、**適度な緊張感が仕事に役立つ**とされてきた面があります（ヤーキーズ・ドットソンの法則：適度な緊張状態にある人が最適なパフォーマンスを発揮できる）。しかし、パワハラは別です。**叱責を受けた人は事務処理能力や創造力が約60％低下します**。

高圧的な態度で相手を動かすことも可能かもしれませんが、不快感を覚えた相手はリスク愛好性が高まり、「どうにでもなれ！」といった言動になりやすいことがハーバード大学の研究で明らかになっています。パワハラは本人のためにも組織のためにもなりません。

以前、ある組織で「どんな人がハラスメントで訴えられているのか？」を調査したところ、**最も訴えられていたのは「説教が長い人」**でした。指導した側は、時間をかけてじっくりと丁寧に指導したと思っていたのに、された側は、「これは指導の域を超えている、嫌がらせだ」と感じてしまったようです。

この結果を受け、私は次のナッジを設計しました。

■指導は2分以内：簡素化ナッジ

その組織では「指導は2分以内」というルールを作ったところ、パワハラの訴えがほぼなくなりました。[8] その理由として2分間ルールは「指導する人」「指導を受ける人」「周りの人」の三者それぞれにメリットがあることが挙げられます。

・指導する側のメリット

2分で確実に伝えるには「一貫したストーリー」であることが求められ、そのためには「最初と最後に重点を置くこと」が重要になります（第2章参照）。これを具体的にしたフレームワークが「ＰＲＥＰ法（Point-Reason-Example-Point）」です。ＰＲＥＰの各要素に30秒ずつ時間配分すると、１２０秒＝２分になります。

2分で話すには、指導すべき内容を書き出して整理しておく必要があります。第一声はどんな言葉を選ぶのか、終わりの言葉は何にするのか、と入念な準備をしてのぞむことで、相手に伝わりやすくなります。逆に怒りをぶつけてしまうと、それだけで2分間は過ぎてしまいます。

指導の目的は「正しい行動へ動かすこと」です。 事前に準備をしないと、指導の中に「自分の怒りをぶつける」や「相手を懲らしめる」といったノイズを入れたくなり

8　なお、これはあくまでも「指導の場」のことであり、傾聴を行うときにはじっくりと時間をかける必要があります。

ます。何より、指導する大義名分がこちらにあるので、ここぞとばかりに今までため込んだ思いが噴出し、「この際だから言っておこう」となりやすいのです。

反抗できない相手を懲らしめるのは、ある意味、快感です。快感に溺れていると言葉がどんどん荒っぽくなっていきます。そして、終わりの言葉を決めていないため、説教がどんどん長くなります。これだとパワハラとしてとらえられるのは仕方ないですね。

この事態を防ぐのに、2分間ルールが有効なのです。「指導内容を書き出して、PREPに落とし込んで2分間に収める」というプロセスを通じ、頭をクールダウンできます。認知バイアスに振り回された言動をしなくて済み、「相手が自発的に望ましい行動をする」という指導本来の目的を達成しやすくなり、パワハラで訴えられるリスクが減ります。

・指導される側のメリット

指導を受けた人の集中力は短時間しか持続しません。そのうえ指導が終わる時間がわからないと、緊張の糸が切れやすく、途中から「上司は機嫌が悪くてただダラダラと怒っている。罰ゲームみたいなものだ」という感情がわいてくるものです。

これに対し、最初から「2分で終わる」と予告されていれば、受け入れ態勢ができます。それに「この指導は上司が準備を重ねて洗練させた2分間だ」と考えると、多少厳しい言葉を言われても素直に受け入れやすくなります。

・周囲の人たちのメリット

パワハラを見ている人たちは、自分がされているわけでなくても不快感からパフォーマンスが下がっていきます。多くの人は心の中で「パワハラを受けている人を助けてあげたい」と思っていても、実際に怒っている上司に「それはパワハラじゃないですか？」とその場で割って入るのは難しいものです。

でも2分間ルールがあれば、「2分過ぎましたよ」とタイムマネジメントの観点から割って入りやすくなります。

以上から、2分間ルールは実施する価値があると考えられ、私のクライアント企業にも推奨しています。

逆に「問題が発覚した瞬間、感情をそのまま口に出した」――そのときの言葉は、あなたの本心ではなく、**認知バイアスが作り出した、最悪の言葉である可能性があります**。最悪な言葉は相手を傷つけ、あなたの人生をも転落させます。私は認知バイアス的言動で、全てを失った人をたくさん見てきました。この悲劇はもう繰り返してほしくありません。

■ゆっくりとした口調：ペースナッジ

私のアメリカ人の友人、T氏は、部下に指導するときは、いつもゆっくりとはっきりとした口調で話しています。それでも、2分で指導は完結します。「そんなにゆっくり話していて大丈夫なの？」と聞いたところ、彼は「試行錯誤を重ね、このスピードが最も相手に伝わりやすいという結論になったんだ。ゆっくり話すことで、私は感情的になっていないという意思表示になり、相手の心の武装解除に繋がる」と答えました。彼のように**ペースを変えて、相手に共感する姿勢を示す方法をペースナッジ**と呼びます。

このような姿勢はプロフェッショナリズムを感じさせます。「いいか、これが最後の機会だ！　わかっているのか！」と大声で指導されるより、冷静に「これが最後の機会です。同じ過ちを繰り返さないようにしてください」と言われたほうが、行動を変えたいと思うものですよね。

■叱る回数を決める：コミットメントナッジ

パワハラをした人の多くは「相手の言動を正す必要があるから指導した」と言います。でも、正すのに大声を出したり不快な思いをさせたりする必要はないのです。

私は他人を指導する場合でも大声を出すことはあまりありません。その理由は「**声を荒らげるのは年に3回まで**」**と周りに言っている**からです（コミットメントナッジ）。

腹が立ったとしても、「ここで1回使うのはもったいない。年末まで残しておくか」と自分のためにセーブしておきます。結果として、全く声を荒らげない年もあります。人間なので腹を立てることは多々あります。でも、**怒りの感情を行動に移すかどうかの選択権は、自分が持っています。**

私は他人から厳しい言葉を言われるのが嫌です。そのため、私も他人のミスに対して厳しい言葉を使いません。すると、相手も私のミスに優しい言葉で接してくれるようになりました（返報性ナッジ）。

また、パワハラをしている上司の多くは部下が謝罪の言葉を口にしても、なかなかやめません。部下の謝罪を受け入れなかった上司は、今後のキャリアの中で足を引っ張られやすくなります。次の研究をご覧ください。

研究

失礼な言動をした人が相手に謝罪した際、「謝罪を受け入れた相手」より「それを決して許さずに厳しい言葉で叱責した相手」のほうが約6倍高い確率で、再度失礼な言動をされやすくなります。

自分の将来のためにも、謝罪はその場で受け入れたほうがよいでしょう。そして謝罪を受け入れると、部下は「では今度はこの人のためになることをしよう」と考えることが期待されます（返報性バイアス）。逆に、謝罪を受け入れないと相手はずっとそれを覚えていて、あなたの人生の岐路において全力で邪魔をするかもしれないのです。

また、部下が自分へきちんと報告・連絡・相談をしていないと感じると怒りたくなりますが、少し待ったほうがよさそうです。次の実験をご覧ください。

実験

実験参加者に「黒いシャツと白いシャツのチームでバスケットボールをパスし合う動画を見て、白シャツチームのパスの回数を数えてください」と指示しました。動画では途中でゴリラの着ぐるみが出てきて、胸をたたいてゆっくりと立ち去りました。ゴリラが画面に登場した時間は約10秒間でした。実験参加者のうち約半数は、ゴリラの存在に気が付きませんでした（この動画はYouTubeで「ゴリラバスケ」で検索すると出てきます）。

この実験では、半数の人は1つの指示に集中した結果、ゴリラの存在を見逃してしまったのです。これは「**非注意性盲目**」と呼ばれる現象です。

ビジネスでは、説明を受けたときに別のことに注意を向けていると、「この件については説明を受けていない」と認識してしまうことがよく起きます。「私は聞いていない」と言いたくなったら、「ひょっとして聞き漏らしがあったかも」くらいのスタンスで相手に説明をお願いしたほうがよさそうですね。

■パワハラが組織に与える損失額を示す：損失回避ナッジ

パワハラをしている人の多くは「組織のためにあえて厳しくしている」と言います。これは、怒っている本人は「自分が不快に感じたことは、組織全体にとって不利益をもたらすもの」という前提があるようです。

しかし、「お前は間違っている」と怒鳴られた人が、5年後に世界的な発見で脚光を浴びているかもしれないのです。相手が天才であることを見抜ける人はそんなにいません。**「自分が気に食わないこと」と「組織のメリット」は完全に別物**なのですが、自信過剰バイアスなどが作用すると、「自分がルールブック」と考えやすくなります。

また、パワハラをして自分の懐が直接痛む人は、怒らないように踏みとどまる動機があります。例えば私は自分で秘書の人件費を負担しています。これは、秘書のパフォーマンスが悪いと、私が損することを意味します。だから秘書にパワハラしてモチベーションを下げることはしようと考えません（損失回避バイアス）。

しかし、パワハラをする会社員は、部下のモチベーションを下げることの損失を実感していない可能性があります。

これに対しては、パワハラによる具体的な損害額を数値で示して、苦痛を共有してみてはいかがでしょうか。

「この職場には従業員が12人いて、1人当たり平均月給が30万円なので、30分間のパワハラによる概算損失額は次のように試算される。

各種手当や雇用主負担を含め、うちの会社は1人当たり年間540万円負担。年間1800時間勤務とすると、1時間当たり3000円。30分間、怒った人と怒られた人の業務が止まり、3000円の損。怒られた人のパフォーマンスが60%低下した状態が6時間続くと1万8000円の損。残りの10人の社員のパフォーマンス30%低下が1時間続くと9000円の損。この時点で、2万2800円のロス。さらに怒られた人が1年間休職したら、540万円損失。パワハラで訴えられたら、法務担当の人件費や弁護士費用、社会的信用の失墜が加算」

社内では、パワハラによる損失が最も直撃するのは社長です。そこで、社長から全社員に対して「30分部下を怒鳴るとそれだけで会社に2万円以上の損害を与え、場合によっては何百万円にもなる。パワハラは絶対に許容しない」という明確なメッセージを伝えることによって、怒りやすい人も「自分の指導は、社長に迷惑をかけるかも」と、ブレーキをかけることができそうです。

コラム

厳しい指導をしたからファインプレー？

少年野球などで、指導者から「私はエラーをした選手には厳しい指導をするようにしている。実際に指導を受けた選手は次の試合でファインプレーをしている」という言葉が見られます。その選手が滅多にエラーをしない実力なら、エラーの次はファインプレーが出ることが普通にあります。この現象を「平均への回帰」と呼びます。平均への回帰を知らないと、「厳しい指導は相手のため」という幻想を作り、パワハラを正当化しやすくなります。

■タイムリーなフィードバック：モニタリングナッジ

パワハラが常態化している人には、パワハラ的言動をしたとき、**瞬時に「今の言動はよくない」と気づかせてあげると、ブレーキがかかります**。具体的には、ハラスメント的言動があれば、周りの人がその場で「不快指数」を無記名投票し、2人以上から「超不快」の投票があれば、人事部がパトロールに行く仕組みはいかがでしょうか。

投票した人が誰なのかは人事部もわからないようにします。「ハラスメント被害者を助けたいけれども特定されたくない」というジレンマを解消するには、このような匿名性が担保された仕組みが効果的です。そして、投票者が1人だけだと誤作動や通報マニアによる通報が懸念されるため、2人以上のほうがよいでしょう。

ただし、この仕組みにも弱点があります。それは、通報された人が「私を陥れようとした人を見つけて懲らしめてやろう」と、犯人探しをしたくなることです(自己奉仕バイアス)。通報者が特定されると、せっかく構築した仕組みの信頼性が揺らぐので、

「犯人捜しをした人は、社長へ報告」といった強い罰則とセットにして、犯人探しをしたい衝動を抑える必要があります。

コラム

認知バイアスは強かった

以前、ハラスメントで社会問題にもなった海外企業に対し、先にあげた匿名の通報システムを提案したことがありました。大半の幹部は賛同してくれましたが、１人だけは「見張られるだなんて、息苦しい。これはダメだ」と主張しました。私は笑顔で返答しました。「考えてみてください。お互いに評価し合う仕組みは普通に行われています。大学院では、講義直後に教員と学生がお互いに評価し合うことで、どの講義の満足度が高く、どこで落ちこぼれが出始めたかが明確にわかります。また、差別的言動は閉鎖的空間で起きやすいのです。この提案の趣旨は職場の恒常的な息苦しさを解消するものです。『見られていると思うと何となく息苦しさを感じる』と『閉鎖的で、その結果組織の体力が低下している』はどちらが貴社にとって重要でしょうか？」

私の言葉を聞いたその幹部は、他の取締役の顔を見ながら言いました。

「今までみんなで仲良くやってきて、たいした問題もなかった。それが私たちの誇りじゃないか。それを崩していいのか！」

私のプレゼンは理性に訴えたものでしたが、彼は投影バイアスと現状維持バイアス、内集団バイアス、同調バイアスに訴えました。結果、私の案は却下されました。やはり理性は認知バイアスに勝てないということを痛感しました。皆さんもこの案を提案するときは、あまり理性に訴えたプレゼンをしないほうがよさそうです。

コラム

「相手は嫌がっていなかった」は幻想

セクハラの場合の注意事項を補足します。「私にセクハラの意図はない。そもそも相手は嫌がった素振りを見せていなかった」……これはセクハラ疑惑の際に出てくる常套句です。しかし、訴えられた場合には、この言葉を使わないことを強くおすすめします。

男性が相手の表情から感情を読み取る実験をしたところ、男性同士の場合に比べて女性の表情を読み取れたのは約半分でした。そもそも、異性の感情を読み取るのは難しいのに、「相手は嫌がっていなかった」と言いたくなるのは確証バイアスや自信過剰バイアス、投影バイアスなどの影響と考えられています。ちなみに私はビジネスでは性的な話をしないようにしています。相手が不快になった状態を見抜ける自信がないからです。

男女格差を是正するには？

多様性のある組織はマーケットシェア改善の可能性が45％高く、新しいマーケットを獲得できる可能性が70％高く、多様性のある経営幹部だとイノベーション分野の収益率が19％高くなります。また、マーケットで激しい競争にさらされている企業ほど女性を登用し、多様性や公平性が進んだ組織では従業員の離職率が19％減ります。

このように女性登用が進んだ分野は成長する一方、男女の役割分担が行われる「ジェンダーバイアス」が強い組織は、競争に勝ち残れない可能性が高まります。組織は単なるかけ声だけではなく、真剣に取り組まなくてはなりません。

これは、現状維持バイアスの強い管理職が女性登用を妨げていると考えてしまいやすいですが、内閣府の調査では、若い世代にジェンダーバイアスが強い傾向が見られました。ここでは「実は若い世代のほうがジェンダーバイアスは根深い」「それは年長者が作ってきた仕組みのせい」というような対立構造を作るよりも、組織としてジェンダー問題を解消する方法を考えます。

■認知バイアスを踏まえた研修会：感情移入ナッジ

ジェンダーに関する知識を共有するには、研修会の実施は必要です。ただし、「私は認知バイアスに影響されずに公平な評価を行っている」という自信過剰バイアスを持っている人に対し、従来型の「女性登用はこれからの時代に必要です」といった知識伝達型の研修を行ったところで、「そんなこと知っている。私には関係ない」という反応が返ってきます。

そこで研修会では「**お互いの立場になりきって感情移入する（主観的）**」「**認知バイアスを推測する（客観的）**」という2つのアプローチがおすすめです。具体的に実演してみます。

まずはケース1を事業部長になりきって読んでください。

ケース１

事業部長は最近、職場の主任との接し方で悩んでいます。主任は3年間ほど妊活を続け、その間仕事を休むこともありましたが、念願かなって無事に出産。職場に報告に来たとき、2年間の育休の取得を申請しました。

他のスタッフからは「女性登用の必要性はわかるが、今までも休みが多かったのにこれから長期育休か……」という不満が出てきそうです。事業部長は心を鬼にして「出産おめでとう。2年間の育休は従業員の権利だ。ただ、うちの部署としてはあなたにできるだけ早く現場復帰してほしい。育休期間については家族と話し合ってもらえないか？」と伝えました。

その上でケース2を育休申請した主任になりきって考えてみてください。

ケース２

事業部の主任は3年間の妊活の末ようやく妊娠し、出産しました。就職時には福利厚生に力を入れていると聞いたので、この会社を選んだこともあり、規定通りに2年間の育休を取得しようと申請したら、事業部長から「妊活中も休みが多かった。そのうえ2年間の育休なんて、うちの組織のことは考えているのか？

もっと短縮できないか、家族と相談しなさい」と言われました。周りの人も黙ってそれを聞いています。

帰宅後、主任はベンチャー企業に勤めるママ友に「なぜ私ばかりこんな目にあうのかしら。部長は意地悪なのよ」と相談したところ、「うちの会社は喜んで育休を取得させてくれるよ。最初から育休取得を人事計画に盛り込んでいるし、育休中でも希望すれば在宅ワークや研修も受けられるし。育休明けのキャリアプランも確保されているので、普通に2人目、3人目と産めるよ。よかったら話を聞きに来ない？」と誘ってくれました。主任はオンラインで採用面接を受けることを決意しました。

ここで事業部長、主任それぞれに見られる認知バイアスは何でしょうか？　そして部長はどのような対応をすればよかったでしょうか？

ケース1と2を見た後、そして認知バイアスを検討した後では、事業部長の対応も違ってくるはずです。

例えば事業部長に見られたのは、「厳しいことを言っても、主任は従ってくれるだろう」という楽観性バイアスです。

他にも女性登用の長期的利益を過小評価し（現在バイアス）、すぐに目につく損失を過大評価し（利用可能性バイアス、損失回避バイアス）、あるいは今までも女性登用をしないでうまくいってきたので、これからも大丈夫という考えもあったようです（投影バイアスと現状維持バイアス）。

主任のほうは、「なぜ自分ばかりがこんな目に」「事業部長は意地悪」と感じ（否定的バイアス、自己奉仕バイアス、帰属バイアス）、ママ友の話のいい点ばかりが耳に残って飛びついてしまう（同調バイアスや利用可能性バイアス）といった傾向が見られます。認知バイアスの方向性が大きくくい違っていたため、主任のモチベーションが下がり、転職が現実味を帯びてきました。

今後、主任が退職意向を伝えると、事業部長は必死で引き留めることでしょう。でも、事業部長に育児休暇を申請された時点で「そんなはずはない」という確証バイアスが働いてしまうと、それをイメージできないのです。

では、事業部長はどんな伝え方をすればよかったのでしょうか？

研修会では、「皆の見ている前ではなく、個室を用意し、お茶を飲みながら話し合う」「時短でも在宅でも成果を出せる業務を提案する」「育休中は子育てという究極のマネジメントを行っていることを評価し、人事計画を見直す」など、多様な意見が出てくると期待されます。

コラム

男女格差が生じる理由

男女間で認知バイアスの違いが見られます。男性は競争愛好的で、１人で実施するよりもライバルがいるほうがパフォーマンスは高くなりますが、女性にはこの傾向があまり見られません。
また、男性のほうが自信過剰バイアスが強い傾向が見られます。男性の管理職が「ライバルを蹴落とすような、やる気に満ち溢れた人を昇進させよう」というステレオタイプ的思考を持っていると、昇進に当たって無意識のうちに男性に高評価をつけたくなります。ただし、そうして選ばれた男性が必ずしも管理職として最適ではないこともよく見られます。

コラム

ジェンダーバイアスが許されない理由

研修会では、ジェンダーバイアスが許されない理由を明確に伝える必要があります。その理由として行動経済学の観点から主に次の2つが挙げられます。

理由1. 予言の自己実現が生じるため……「女性には向いていない」と主張をすることで、予言の自己実現（言った通りの現象が起きること）を起こしやすくなります。次のケースを見てください。

ケース

A高校の定員は男性340人、女性110人で、女性の合格最低点が500点満点中50点ほど高く設定されていました。女子生徒が先生に「どうして女子の定員が少ないんですか？」と聞いたところ、先生は「女子は高校に入ったら成績が伸び悩むから。実際に東大の合格者のうち、女子は男子の3割しかいないんだ」と答えました。

これは30年前によく見られた、地方の公立高校の状況です。そもそも在校生の女子の割合が男子の3割なのだから、東大合格の女子が男子の3割なのは、女子が伸び悩んでいることを表してはいないのです。

それにもかかわらず、先生が「女子全員が高校入学後に男子に比べて伸び悩む」と信じ込み、しかもそれを口に出すと、女子は「どうせ無理」というマインドになり、本当に成績が伸びなくなります。これが予言の自己実現の怖さです。ビジネスでも「女性には無理」と示してしまうと女性の活躍にブレーキがかかります。

理由2. 公平性がないことの発信になるため……社員に公正な評価が行われれば、女性が組織の最上層に占める割合は50％になりますが、バイアスによって評価が1％歪むだけで女性幹部は35％に減ります。こうしたことから、女性管理職が1人もいない企業が「総合的に判断し、適材適所の人事を行った結果、男性だけになった」と説明したとしても、多くの人は「公平な評価をしていない組織だ」と見なすことでしょう。

■具体的エピソード：顔のあるナッジ

多くの人はエピソードに心を動かされ、行動に繋がりやすくなります。次の研究をご覧ください。

研究

難民向け募金のポスターを3種類作りました。

A 「マリ共和国の7歳の少女・ロキアちゃんは飢えに直面しています」というテキストとロキアちゃんの写真を入れたもの

B 「エチオピアでは1100万人が緊急食糧援助を必要としています」というテキストのみ

C AとBの両方の情報を掲載

結果はAが最も寄付を集めました。

多くの人は、1100万人は多すぎてイメージがわきにくかったようです。それに対し、Aはロキアちゃんの写真とストーリーだけが載っていたので、「自分の小遣いが彼女の1食分になる」と具体的なイメージがわき、寄付に繋がったと考えられます。この現象は「**顔のある犠牲者効果**」と呼ばれています。

研修会では、ジェンダーバイアスによってチャンスを奪われた人が直接登壇することで、顔のある犠牲者効果が生まれ、参加者の心を動かすことができます。

それができないのであれば、ジェンダー問題をテーマにしたTEDトークのような体験談を用いて、「顔の見える関係」にすると効果的です。[9] 具体的な犠牲者の顔が見えることで、「このような差別は許してはいけない」「そのために私たちは何をするべきか？」と前向きな議論になると期待されます。

コラム

著名な講師に相談を

予算に余裕があるのなら、ジェンダーバイアスの講演を依頼する際には著名な講師を呼んだほうが好ましいです。著名な講師に対しては、参加者は権威バイアスが働き、好意的に受け入れやすくなるからです。講師が「御社は女性を登用すれば、大逆転できる」「他の企業でも女性登用して成長した」といった話をすれば、参加者のモチベーションが高まります。さらに、参加者から女性の活躍に対するポジティブな意見を募り、それを発信する（ＩＫＥＡナッジ、同調ナッジ）といった、効果的な推進方法について助言をしてくれる講師もいます。

著名な講師は選ばれ続けた理由があります。ぜひ著名な先生を見つけて相談してみてください。

9 おすすめのTEDトークをご紹介します。「We Should All Be Feminists私達は皆フェミニストになるべき｜Chimamanda Ngozi Adichieチママンダ・アディチエ」https://x.gd/Sqkk1

■ **人数割り当て制度：デフォルトナッジ**

男女格差是正を一気に進めるには、最初から「この委員会では50％を女性に割り当てる」といった初期設定（デフォルト）にする「人数割り当て（クオーター）制度」の導入が最も効果があります。割り当てが達成できない場面は明確な理由を公表するルールにすることで、男性を選ぶという選択の余地も残されます（選択の余地がなければナッジではなく強制になります）。

バックオフィス業務のモチベーションを高めるには？

組織にはさまざまな仕事があります。クリエイティブな仕事は多くの人に注目され、「いい仕事が高評価に繋がる」というわかりやすさがあるため、モチベーションが上がりやすくなります。一方、総務や管理部門などのバックオフィス業務の重要性は、誰もが認めるところですが、モチベーションが上がりづらい構造的問題があります。行動経済学の観点から、その理由を3つ紹介します。

1つ目の問題は、「**フィードバックがないこと**」です。私は講演の後、参加者から

「いい話でした」とコメントしてもらえると、嬉しくなってモチベーションが高まります。オペレーションが完璧だからこそ、私はストレスなく講演に集中できたので、私への感謝の言葉の半分くらいは運営スタッフに向けられるべきですが、実際には運営スタッフへ感謝の言葉はなかなか届きません（私は「素晴らしいオペレーションでした」と感謝の言葉を伝えるようにしていますが、全員に伝えることは難しいです）。

2つ目の問題は、「**ルーチンワークが繰り返されるという業務特性**」です。このため、現状維持バイアスが働き、改善策を提案しても却下されることが多くなり、余計なことはせず、指示待ちになりやすくなる傾向が見られます。同期が華やかな部署で活躍しているとき、自分はルーチンワークで、20年後も同じ仕事をしていると思うと、チャレンジ精神がわきづらくなります。

3つ目の問題は「**減点方式**」です。**完璧に行ってもプラスの評価をされず、ミスをすると減点される状況**では、損失回避バイアスにより、減点を避けることが目標になりやすくなります。

では、どうすればバックオフィス部門のモチベーションを高めることができるでしょうか？　次のケースをご覧ください。

ケース

新入社員が5キロの鉄の球体を20メートル先まで転がして渡す、という作業を命じられました。かなりの単純作業で、3回やっただけで「意味のない作業だ」と感じ、やる気がなくなりました。

この作業、見るからにつまらなさそうですよね。でも、ある工夫をしたらお金を払ってでもやりたがる人が続出しました。それは**「フィードバック」**と**「ゲーム性」**です。

■ありがとうシール：フィードバックナッジ

鉄の球を20メートル先に転がして、倒れたピンの数をスコアにして、お互いが競い合う仕組みにした――これはボウリングです。**ボウリングは退屈な労働を楽しいものに変える設計がなされています**。とくに参考になるのは、「ミスが当たり前で、たまにストライクが出ると大喜びできること」「得点が増えていくこと」「その場でのフィードバックが得られること」です。順に見ていきます。

もしボウリングが300点からスタートし、ミスのたびに減点されるルールなら、ほとんどの人は、300点の状態を満喫するために1球も投げたがりません。「**ミスをしない前提**」**を掲げてしまうと、やる気を奪ってしまう**のです。

また、ボウリングのレーンが真っ暗で、ピンが何本倒れたかわからないというルールなら、全く面白くないですよね。すぐにフィードバックが得られるので、ボウリングは楽しいのです。

「総務でミスは許されない。フィードバックも不要」という考えだからモチベーションが下がるのなら、これを逆にすれば、皆が喜んでやるようになるのではないでしょうか。例えばいい仕事をするたびにポイントが加算される仕組みにしてみます。

ケース

慶應義塾大学病院の手術室では、医師が使用済みの針を置きっぱなしにして、器材を片づける看護師が針で怪我をする事故が起きました。そこで看護師が医師の名前を表にして壁に掲示し、使用済み針を適切に処理した医師には、その名前の欄に「ありがとうシール」を貼るようにしたところ、処理忘れが激減しました。

医師には、手術という大きな仕事が完了して安心すると、その後の管理業務という地味な仕事を忘れてしまう特性（完了バイアス）が働いていたようです。

でも、ポジティブなフィードバックを設計したことで、「きちんと処理して、ポイントをもらおう」という意欲が出てきたようです。また、「いつもお世話になっている看護師に負担をかけないようにしよう」というお返しの気持ち（返報性ナッジ）が生まれやすくなったと推測されます。

一方、シールが少ない医師は壁の表を見ると気恥ずかしく感じ、「次こそは、きちんと処分しよう」と意識するようになります（同調バイアス）。看護師も、針の管理業務で医師に苦言を呈する頻度が減り、職場の雰囲気も改善されました。

上司の立場で考えれば、提出されたものが期待以下だったりミスがあったりすると、「全部だめ。やり直し」と言いたくなります（否定的バイアス）。そのうえ、「給料をもらっている以上、厳しい言葉を言われても、高いモチベーションを保つべきだ」とも言いたくなるでしょう。しかし、この考えは少し改めたほうがよさそうです。次の研究をご覧ください。

研究

大学で、レゴブロック好きの学生を集め、2つのグループに分けてロボットを作らせ、1個製作するごとに報酬を支払いました。Aグループには、完成したロボットを最後に解体すると伝え、Bグループには、ロボットが完成するたびに目の前で解体しました。その結果、Aグループは平均11個のロボットを完成させ、Bグループは平均7個でした。

両グループともに「終わった後で壊す」という点は同じです。しかし目の前で壊されたBグループは、後で壊されたAグループに比べ、64％（＝7÷11）の段階でロボットを作るのをやめてしまいました。

本来はレゴブロック好きの大学生がロボットを作るたびに報酬をもらえるという夢のような仕事でした。それでも人は自分が作り上げたものには強い愛着を持つ（IKEAバイアス）ため、**目の前で成果を無にされてしまうとモチベーションが大きく下がった**のです。

■ 1％でも認める姿勢：返報性ナッジ

先のレゴブロックの実験結果を踏まえ、部下の仕事を評価する際には、まず１分でもじっと見る姿勢を作り、呼吸を整えてから「ここまでは良かった。でも、この部分はもう少し改善できそうだよね」と言って、**「決して全部に意味がないわけではない」と伝えるのがよい**でしょう。否定的バイアスが強いと「全部だめ」と言いたくなる衝動が沸き上がるので、この１分間でそれを抑えるのです。

このような対応をされた相手は、「きちんと見てくれたから、この上司のために頑張ろう」という返報性バイアスが刺激されます。「１％認められた」と**「１％すら認められなかった」は、相手にとって大きな差があります。**

コラム

大きなお世話をされた場合の対応法

相手が親切心でしてくれたことが自分にとっては逆に仕事を増やすことになることもあります。そんなときはつい「余計なことをして」と言いたくなるでしょうが、陰でも言わないほうがよいです。万が一、相手に伝わってしまったときには「せっかくの親切な行為を悪意をもって受け取るなんて」と強烈な怒りを呼びます。

その瞬間は余計なことに見えても、時間が経つと実はありがたいことに変わる可能性もあります。「余計なことをしてくれたな」と思っても、「ありがとう。嬉しいよ。実は私の作業と重複していたので、前もって言ってくれると嬉しいな。お互いコミュニケーション取っていこうね」と言っておくと、相手は気分を悪くしませんし、そのうえ相手の提出したものを採用しなくて済みます。時間が経って冷静になってから、改めて採用するか検討すればよいのです。

■「あと少し」と伝える：目標勾配ナッジ

研究

ホテル客室清掃員を2つのグループに分け、Aグループには1日の必要な運動量を記載した文書を配布しました。Bグループにはこれに加え、「1日の目標身体活動量の200kcal消費には、リネン交換15分(40kcal)、掃除機15分(50kcal)、浴室清掃15分(50kcal)などを積み重ねていくと、あなたもすぐに到達できます」と伝えました。4週間後、Aグループは体重変化が見られませんでしたが、Bグループは平均0・8kg減量しました。

どちらのスタンプを集めたくなる？

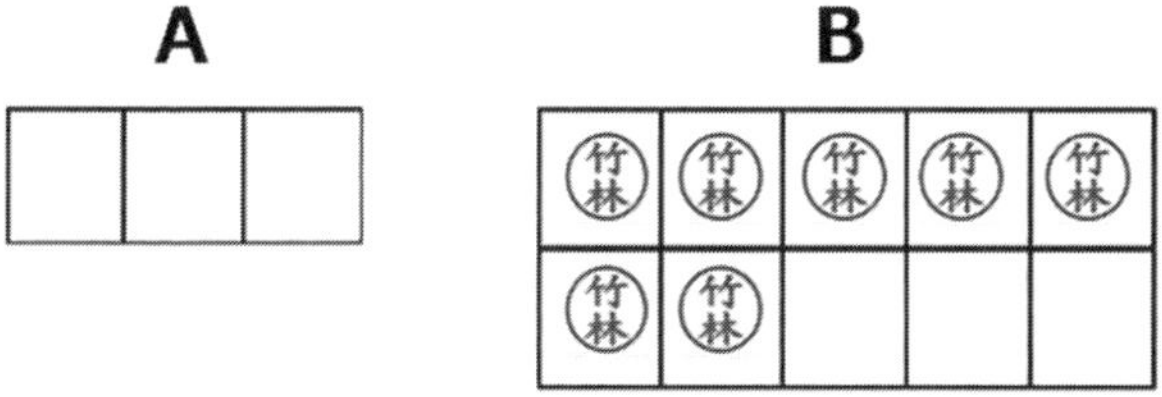

4週間で0・8kg減量は、効率的な減量と言えそうですよね。Bグループの人たちは、「あと少しで目標達成か。ではエレベータではなく階段を使ってみるか」といった具合に身体活動量を増やした可能性があります。これはゴールが見えるとラストスパートしたくなる特性（目標勾配バイアス）に沿ったナッジと解釈されます。

上のスタンプカードをご覧ください。どちらも「スタンプを3つ集める」というゴールは同じです。でも、多くの人はBのスタンプカードを渡されたほうがものすごい勢いでスタンプを集めたくなります。

これを踏まえ、なかなか進まない人には「既にここまで進んでいますね。あと少しです」と伝えると、もうひと頑張りしたくなる可能性が高まります。

コラム

減点方式の見直しを

細心の注意を払っても一定の確率でミスは起きます。ミスが発生したとき、「正直に話すと減点3、隠し通せば減点0（でも褒められない）、バレたら減点10」の局面では、多くの人にとって減点3も減点10もそんなに大差なく感じます。さらに現在バイアスが働くと「今は報告をやめておこう。時間が解決してくれるかもしれない」と考えたくなります。しかし多くの場合、報告が遅れるほど被害が拡大します。このように減点方式はモチベーションを下げるだけでなく、隠蔽も起こしやすくなります。

減点方式の背景にあるのは「完璧にできて当たり前」という前提です。バックオフィス業務も多様化し、1人でかつての3人分の仕事をしている場面も見られます。減点方式はデメリットが多く、時代に合わなくなってきたようですね。管理職の皆さんは現状維持バイアスを振り切って、減点方式を見直してはいかがでしょうか。

自己研鑽を促すには？

昨今、組織が従業員の成長に向けて人材投資を行っています。従業員も自己研鑽してこそ投資効果が高まるため、組織はいかに従業員の自己研鑽を促していくかが課題になります。

ところで私は大学で統計学を教えています。統計学は文系学生にとっては不人気科目の最たるものですが、私の授業をサボったり居眠りしたりする学生はほとんどいません。それは講義の最初に私が２つの話をしているからです。以下の内容は、統計学を履修した学生に向けて行っているナッジで、従業員の自己研鑽にも応用できます。

■ 70の法則：魅力的ナッジ

〃70の法則〃とは「複利計算で2倍になるのは70÷利率」という簡略化した計算式で、年利１％だと70年、年利２％では35年といった具合に計算できます。これを勉強に当てはめてみます。

１回の講義のたびに３つ新しいことを覚えると、１％くらいは成長できます。毎日

1％成長すれば70日で2倍になり、これを繰り返すと、大学入学当初に手の届かなかったエリートにも逆転できる可能性が見えてきます。

ただし、1日でもやらない日があると、せっかく積み上げたものがリセットされます。だから毎日コツコツと続ける必要があります。このように説明されるとやる気が出てきますよね。

■費用対効果：損失回避ナッジ

「教育の投資効果を教えることで学力が向上する」というエビデンスに基づき、私は「30回の講義にきちんと出席して統計学をマスターすれば、就職活動で月給6千円高い仕事を選べます」と学生に説明しています。「月給6千円なんて、たいしたことない」と思ったことでしょうね。でも、月給6千円は各種手当も含めると年収10万円です。学生はこの先50年間は働きます。統計学をマスターすると10万円×50年＝500万円の収入増です。授業は年間30回ほどですから、1回の授業で17万円の収入増（500万円÷30回）になります。この説明を受けた学生は損失回避バイアスが働き、時給1000円程度のバイトのために17万円の価値のある授業をサボるなんてしたくなくなるのです。

ビジネスでも研修効果を金銭換算して示すと、やる気が出てきそうですよね。

クレームを減らすには？

「利用者のクレームやゴシップで悩まされている業界」の代表格と言えば、医療です。とくに医療従事者は、無礼な態度の人を見ると確証バイアスが10倍近く強くなり、柔軟な判断ができなくなる傾向があることが判明しています。だから、クレーム予防が急務になります。

私が実際にクライアントの医療機関に対して行ったナッジのうち、最もおすすめのものを紹介します。これは他の業種でも応用可能です。

■ 懐かしいDVDを流す：初頭ナッジ

コロナ禍で殺伐とした状況になった医療機関で、私が真っ先に行った対応は「待合室のテレビでは民放を流すのをやめ、懐かしい動画を流す」でした。これによってクレームが一時期10分の１に減りました。その理由を解説します。

病院の診察時間は、テレビのワイドショーの時間に重なります。ワイドショーの楽しさには毒が含まれています。芸能人のゴシップや政治家の不祥事のニュースを見ているうちに、「**権威に対する怒り**」が込み上げてきます。しかし、患者さんの目の前には芸能人も政治家もいません。代わりに病院にいる権威の象徴は「主治医の先生」です。するとワイドショーを見て戦闘モードに切り替わった患者さんが、主治医の先生に悪態をつくようなことが起きてしまうのです。

そして、ワイドショーを見ているうちに「ゴシップモード」になっていった患者さんは、待合室でもゴシップを言いたくなります。ワイドショーで「ワクチン接種後に亡くなった90歳のお年寄りの話」を聞いた患者さんは、他の患者さんにワクチンの怖さを言いたくなります。ここで留意すべき点はゴシップを話している患者さんも、もしもワイドショーさえ見せられなければ、心穏やかにしていた可能性があるということです。

ワイドショーでマイナンバーのトラブルのニュースを見た患者さんが会計でマイナンバーカード提示に対してクレームを言うのに困っているなら、テレビのチャンネルを変えたほうがよいですよね。

ワイドショーはエビデンスよりもエピソードを重視しているようです。一方、病院ではエビデンスに基づくケアを行っています。スタンスが大きく異なるものを流すと、患者さんは混乱します。

私が懐かしい番組のDVDを放送するのを推奨している理由は「**郷愁を感じると健康行動をしたくなる**」というエビデンスがあるからです。待合室では余計なノイズを入れずに、静かな環境を整えたいものです。DVDが難しければ、チャンネルをNHKに変えてみてはいかがでしょうか。

■退職者は笑顔で送り出す：終末ナッジ

また、退職者と思われる人からのクレームがネット上に書き込まれるのも、困ったものです。内部事情が具体的に書かれており、守秘義務違反として訴えたいところですが、訴訟にはかなりの時間と労力、そしてお金がかかります。それよりも、書き込みの予防に注力したほうがよいでしょう。

そもそも、転職しようとしている人というのは「内集団」を抜ける人になるため、残るメンバーは嫌がらせをしたくなる心理が働きやすくなります（内集団バイアス）。その場合、退職者は「最後に嫌がらせされた」という記憶を定着させてしまいます（終末バイアス）。これがわかっている以上、退職者に対して苦言を呈したくなっても、笑顔で送り出したほうがよいのです。思わず厳しい言葉を言ってしまったら、それを訂正する機会は二度と訪れず、そして相手は根に持ち続ける可能性が高いです（帰属バイアス）。何か言いたくなっても、「立つ鳥が多少跡を濁すのは仕方ない」と受け入れ、「今までありがとう」の姿勢をとると、結果として自分を守ることになります。

不快感を与えない健康指導は？

健康リスクが高い従業員はパフォーマンスが30％以上落ちます。とくに生活習慣病は自覚症状が出ないまま進行することも多く、早期発見とタイムリーな治療が不可欠です。しかし、特定健診で「所見あり」だったにもかかわらず、二次検査を受けずにいる人が半数以上います。

経営者や産業保健担当者としては、そのような従業員に強く指導したいところです。一方、従業員にとっては自分の体型や生活習慣のことをとやかく言われるのは嫌なものです。実際に「一生懸命健康指導してくれるのはありがたいんだけど、実は不快で……」という相談が増えています。そこで、「健診の結果通知時（対象者全員）」「リマインド（一定期間経過後に未受診の者）」「面談」でのナッジを提案します。

■受診すべき診療科を明記：明確化ナッジ

生活習慣の悪い人ほど現在バイアスが見られるため、「有所見項目に応じた診療科の検索→予約→受診→報告」という一連の流れを面倒に感じます。これに対しては「あなたは血圧で有所見になったので循環器内科に行ってください」のように、項目に応じた診療科を最初から明示することで解決できそうです（明確化ナッジ）。

■最後の機会と明記：限定ナッジ

ただし、初回通知だけで全員が受けるようになるわけではなく、その場合はリマインド通知を送ることになります。初回通知で受けなかった人には、１つのナッジよりは複数のナッジを組み合わせたほうが効果が出やすくなります。

具体的には、①最後の機会である旨を明記（限定ナッジ）②多くの同僚が受診し、報告済みである旨伝達（同調ナッジ）③理由を４コマ漫画で解説（理由ナッジ）④専門家による解説（権威ナッジ）⑤受診日時の記入欄（実行意図ナッジ）を入れた通知を作成しました。これなら従来の事務的な通知よりも、受けたくなるような気がしませんか？

複数のナッジがある通知書

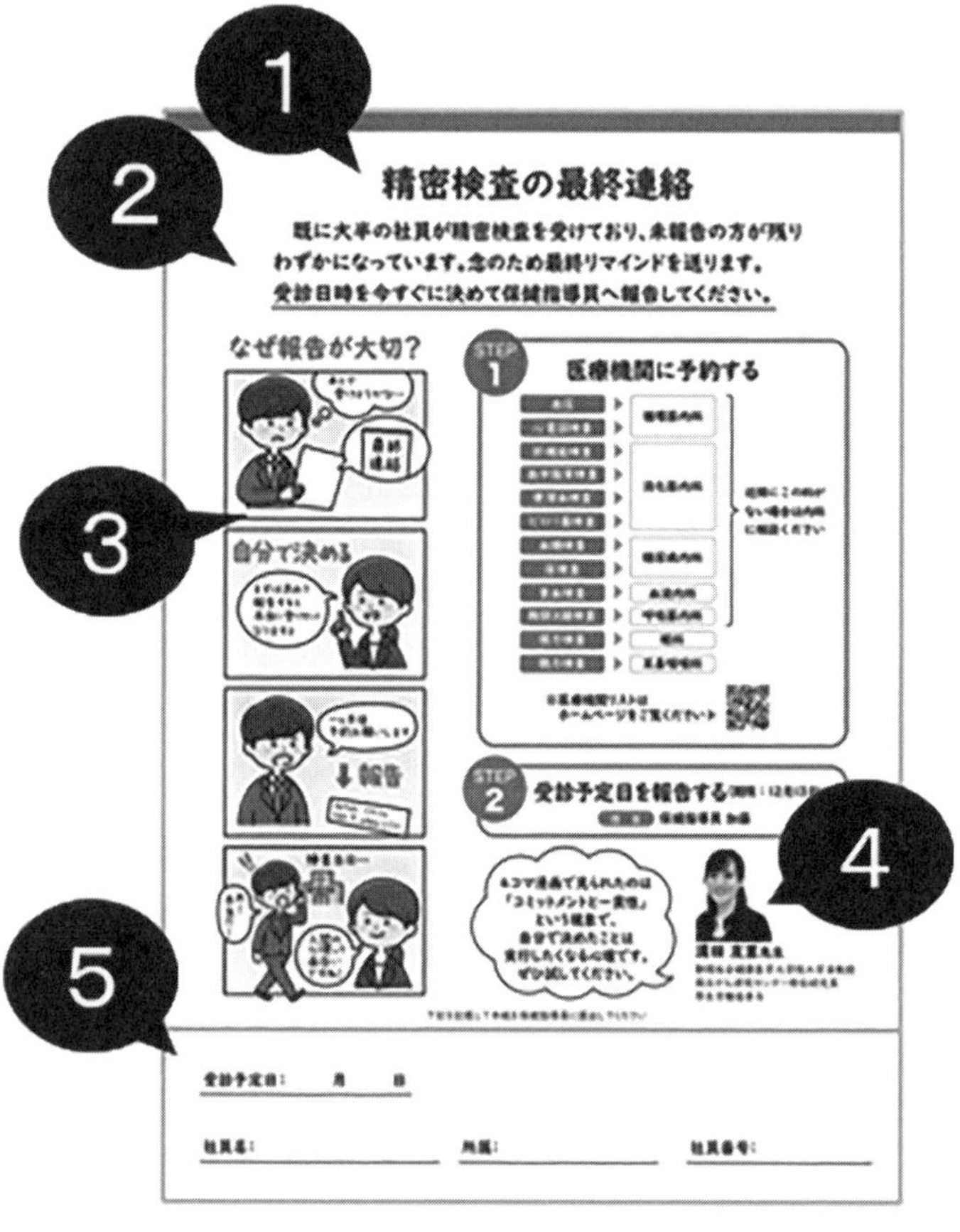

■受診日時と場所を指定：デフォルトナッジ

「そもそも自分で申込をするのが面倒」という人には、あらかじめ「○月○日○時に○医院で受診してください。やむを得ず行けない場合は、代わりの日時をお知らせください」という通知がおすすめです（デフォルトナッジ）。青森県で行われたワクチン接種のデフォルトナッジの研究では、接種率が高まり、クレームも起きませんでした。同様に二次検査のデフォルトナッジでも、混乱なく受診に繋がると期待されます。

コラム

■スラッジに注意

認知バイアスの特性を考慮しない仕組みを「スラッジ（汚泥）」と呼びます。ナッジを設計するとスムーズに進むのに対し、スラッジがあると汚泥の中のように、なかなか進みません。とくに健康支援の手続きはスラッジが多いです。健診の申込が電話のみで、ようやく繋がったと思ったら「担当者が不在なのでかけ直してください」と言われると、大半の人はかけ直す気が起きません。「社員の健康意識が低い」と嘆く前に、スラッジがないか、今一度確認してください。

また、メタボの基準に該当した人には面談指導が行われます。そこでのナッジを提案します。

■ 健康アプリの登録をサポート：返報性ナッジ

「私にはメタボ指導は不要だと思っている。指導に呼びつけられるのは心外だ」という人は、どこの職場にもいるものです。そんな人には正攻法での指導は難しいです。話題を変えて、「利用登録すると1日の平均歩数が500歩以上増えたアプリがあるので、一緒にダウンロードしましょうよ」といった助言に切り替えるのがよさそうです。その場でやり方を解説すると、「親切にしてもらったんだから、少しは試してみようかな」という気持ちが芽生えるものです（返報性ナッジ）。

せっかくなら効果が立証されたアプリを選んだほうが「変なアプリを紹介された！」というクレームになる可能性が減ります。ここでは私がエビデンス化に関わったアプリを2つ紹介します。[10]

1. kencom（DeSCヘルスケア株式会社）

kencomはゲーム化ナッジを中心に設計されたアプリです。kencom利用の全国の企

10　なお、私は本書掲載に関して各アプリ会社から謝金は受け取っていません。

業従業員1万2000人以上を統計解析したところ、利用登録後1年経過しても1日平均510歩増加していたほか、体重やHbA1Cやコレステロール値などの改善傾向が見られました。

2. みんチャレ（エーテンラボ株式会社）

みんチャレは5人1組でチームを作り、共通の目標を宣言し、毎日達成状況を報告して励まし合うアプリで、コミットメントナッジや同調ナッジが設計されています。コロナ禍で、働く人の歩数が伸び悩んでいたことを受け、静岡県の企業の従業員にみんチャレを使って実験したところ、1か月後に1日当たり893歩の歩数増加が見られました。

コラム

当たり前のことは言わない

健康指導で既知の内容を長々と指導されると、相手のモチベーションが下がります。例えば「禁煙すれば1か月で1万5000円のお金が浮きます」といった指導は、タバコを買うたびお金を手放す苦痛を感じている喫煙者には「私がそんな計算もできないと思っているの？」と受け止められることでしょう。相手が「へぇ、そうなの」と思わず言いたくなるような指導にしてください。

私の学会仲間の医師は、「今まであなたがタバコにかけたお金を計算したら合計300万円でした。これをもし金融証券の積立運用に回したら、現時点で480万円になるんです。あなたが手に入れたはずの480万円の一部は、どこに行ったと思います？　そう、タバコ会社の偉い人のものになったのよ」という禁煙指導を行っています。これなら禁煙意欲がわいてきそうですよね。

第5章

働きやすい職場環境を作るには？

―居心地のいいオフィスのためのナッジ

人は環境に影響されます。普段は注意深い人でも騒がしい雰囲気の中では注意力が散漫になり、勉強好きの人でも誘惑が多い環境では周囲に流されて遊んでしまうものです。誰もが働きやすい職場環境にするためのナッジを提案します。

朝、挨拶し合える職場にするには？

朝、挨拶して、返事があると楽しい気持ちで1日が始まり、返事がないと不快な気持ちの1日になります（初頭バイアス）。学校でもスポーツでも挨拶を最初に教えますが、社会人になると挨拶が疎かになってくる人が増えてきます。人の脳は「内部の人には挨拶はしないけれど、お客様を見た瞬間に丁寧な挨拶ができる」といった演技を完璧にこなせるほど緻密にできていません。だから日頃から挨拶する習慣をつけておくのは、接遇の観点からも大切です。

確かに何かしらの事情があって挨拶できない人もおり、そのような人への配慮は必要です。しかし大半は、「入社当初は挨拶をしていたけれど、周りが挨拶をしていないのでしなくなった」という、ネガティブな同調バイアスが働いている可能性が高いのです。それを踏まえ、ポジティブな方向に切り替えるナッジを提案します。

■ 毎日の挨拶当番を決める：役割ナッジ

「挨拶すると、挨拶が返ってくる」いうキャッチボールを常態化するには、まずは1

回目のキャッチボールを始める必要があります。1回挨拶のキャッチボールを始めると、2回目、3回目と波及していきます。しかし、「うちの職場で勇気を振り絞って挨拶しても、誰も挨拶を返してくれないかも」と考えると、1人目にはなりたくないものです（リスク回避バイアス）。

そんなときは、毎日の挨拶当番を決め、全員に挨拶をするという役割を与える役割ナッジがよいでしょう。「今日の挨拶当番は竹林正樹」とオフィスの入口に掲げると、役割が明確になります。挨拶を躊躇していた人も、「役割だから」と思えば挨拶ができます。そして挨拶された人は、返事をします。業務として挨拶をしている人を無視するのは、居心地が悪いからです。多くの人が挨拶当番を担当することで、無視されたときの切なさを体感できる機会にもなります。

この制度の導入に当たっては「挨拶当番なんて、小学生のようだ」という反論が予想されます。これに対しては「ネガティブが顔に出ている」「挨拶の欠如による雰囲気の悪化は看過できない。初心に帰らなければいけない」と、理由を伝えるのがよいでしょう（理由ナッジ）。これに反論しようとする人はいないのではないでしょうか。

そして「挨拶当番が2周して、自発的な挨拶が定着したと認められたら、当番制度は廃止する」とすれば、現状維持バイアスがそんなに刺激されずに受け入れられると考えられます。

挨拶当番の中で、最初の1人目に当たった人が嫌がったために、なかなか始まらないということが想定されます。これに対しては**1人目は所属長とナンバー2の人が担うべき**です。2人で一緒なら心理的負担が少ないです。

また、「挨拶は自発的にやるものであり、強制されるものではない」という反論も予想されますが、これは挨拶が必要というコンセンサスを得られているという前提での、初心に戻るための試みです。子どもには挨拶が推奨され、大人の組織では否定される理由はないはずです。

なお、遅番の人やどうしても挨拶が苦手な人は挨拶当番を外れ、代わりにコピー機の紙詰まり当番やデスク拭き当番など、別の形でチームワークに貢献できる形（後述）を担えばよいでしょう。

コラム

■挨拶がない職場は忌避される

私の学会仲間の医師から「院長に頼まれて、地方の病院にサポートに行ったけど、初日に誰も挨拶してくれなかった。感じの悪い職場は嫌だと院長に言ったら、次の日からスタッフが全員僕に挨拶するようになった。でもスタッフ同士では挨拶はないまま。ますます雰囲気が悪いから辞めることにした」という話を聞きました。医師の派遣を得るまでにかなりの労力を費やしたのにもかかわらず、挨拶がなかったばかりに、水の泡になってしまったのです。普段から挨拶ができる職場にしておいたほうがよいですよね。

■所属長から挨拶：権威ナッジ

挨拶当番制度をなかなか導入できない職場では、所属長が毎日挨拶当番になることをおすすめします。これはリーダーの行動に従いやすくなる心理に訴求した「権威ナッジ」です。

せっかく所属長が挨拶をするのなら、「白井さん、おはようございます」と社員の名前をかけてみるといかがでしょうか。多くの社員は自分の名前が呼ばれるのは嬉しいものであり、挨拶に反応しやすくなります。そして、「こんなトップがいる職場は誇らしい」と感じる社員も出てくることでしょう。

より効果的に行うためには、「私はこれから毎日挨拶をします。皆さんも挨拶を返してほしい」と宣言し、「うちの職場では所属長が必ず笑顔で挨拶をします。入室される方は元気に挨拶をお願いします」と掲げると、他の社員にも伝わりやすくなります。宣言したことで所属長自身も続けやすくなり（コミットメントナッジ）、周りの人にも「せっかく所属長が挨拶しているのだから」という気持ちが生まれ、挨拶が生まれやすいと推測されます。

さらに効果的にするには、挨拶を返す人をあらかじめ個別に依頼しておくことです。リーダーが孤軍奮闘している中、1人目のフォロワーになるのは勇気が要るものですが、リーダーとフォロワーが既にいれば、フォロワーの輪の中に加わるのはそんなに難しくはないものです。

特定の人に雑用が集中しないためには？

職場にはコピー用紙の補充、インクの取り替え、観葉植物の水やり、カレンダーをめくることなど、多くの雑用が存在します。これらは慣習的に真面目でよく気がつく人や若手社員が行うことが多いです。この状態はマンパワーが最適に活用されていない可能性があります。

「高い給料をもらっている人はマネジメントに特化し、雑用は安い給料の若手にやらせるべき」という意見もあるでしょうが、雑用に嫌気がさした若手が離職するのは組織の損失ですし、ある程度は手分けして行ったほうがうまくいきそうです。ここで、ナッジの出番になります。

■ 雑用当番制度：役割ナッジ

挨拶当番と同様、雑用当番制度を導入します。全員が雑用を担当することで、公平性が確保されます。一方、「私が若い頃は率先して雑用をやったのに、今の若い人は免除されるのは、公平ではない」という意見も出てくると予想されます（投影バイアス）。

この意見に対し、「今の若手は『年長者にＩＴを教える』といった、昔にはなかった業務をしています。あなたがた年長者はその労力を過小評価しています」と正論を言っても、納得感を得られないでしょう。それよりは「実際に雑用を体験して、無駄な仕事がないか総点検してほしい」と**役割を与える**説明のほうが「若手にはなかなか削減の決断が難しい。私ならできる」というプライドをくすぐることになります（役割ナッジ）。

そのためにも、様式を渡して「自分の担当した雑用を書き出してください。そしてそれにかかる時間や頻度を記載した上で、継続する必要性をＡＢＣ評価してくださ い」と理由を説明することで、目的を持って雑用に取り組めるようになります（理由ナッジ）。

コラム

雑用は雑でよい

私の共同研究者は若い頃、上司から経理の書類を綴るように指示されたので、前年度の書類を参考に日付順に並べました。１時間かけて綴って提出したところ、「原本は日付順だが、これは副本で、自分の手持ち用にする。予算科目別に綴り直しなさい」と言われました。その後も「コピーが少しずれている」「カスレがある」など何度もやり直しを食らいました。この経験によって彼は地味な作業の大切さを感じることは全くありませんでした。「細かい部分にまで手を抜かない姿勢が全体の完成度を高める」「若い頃の苦労は買ってでもしたほうがよい」と言われることもありますが、モチベーションを下げるだけの徒労が多く存在することも事実です。その見極めのためにも、管理職が実際にやってみることは大切です。

■ 雑用は別室で：楽しさナッジ

資料の袋詰めのような機械的な作業は、別室でおしゃべりしながらやれば楽しいのですが、オフィスで周りに気を使いながら黙々と行うのは、苦痛です。「自分ばかりが雑用している」と考えてしまう人も、雑用を楽しく行える環境があれば、そんなに苦にならないものです（楽しさナッジ）。そのため、別室（雑用コーナー）を用意するのがよさそうです。

また、「外に出て気分転換したいけど、周りからはサボっていると思われたくない」という人にも、雑用コーナーが向いています。雑用のために離席するのは、正当な理由があるので、後ろめたさがなくなります。

なお、最近は「隣の人の貧乏ゆすりが嫌でたまらないと何度も言っているのに、席替えは年に一度しかない」「他社ではフリーアドレス制度が進んでいるのに、うちの会社は席が固定されたまま」といった不満の声が増えています。

これに対し、自由に別室で作業できる状況は、フリーアドレス制度に一歩近づいたと考えられます。制度を変えるのは大変ですが、空き部屋を使って疑似フリーアドレスを体験できることで、不満が少しずつ解消されるかもしれません。

不調の人にどう声をかけるか？

先日、私が応援に行った野球の試合での出来事です。疲れの見える投手のもとに伝令が走り、何か会話を交わしました。試合が再開され、10球ほど投げた後、投手はマウンド上で倒れ、タンカで運ばれました。翌日の新聞では、「伝令が『大丈夫か？』と聞いたところ、投手は『大丈夫』と答えたので、続投を決めた直後に脱水症状になった」とのことでした。もし、あの場で投手から「実はあまり大丈夫ではありません」という答えを引き出せたら、この悲劇を避けることができたことでしょう。

「大丈夫（現状維持）」「無理（完全離脱）」の二択で聞くと、**限界が近い人ほど現状維持バイアスが強まり、「大丈夫」と答えてしまうもの**です。極限状態になると、疲れていることを説明するのもしんどくなるようです。

ビジネスにおいても、メンタル不調の人に「大丈夫？」と聞くと、「大丈夫」と答えることが多いです。このため、辛い人から「実は限界寸前です」という言葉を自然に引き出せるような工夫が求められます。

■ 10段階で聞く：客観視ナッジ

二択で聞くと「大丈夫」を選んでしまうのなら、「絶好調を〝10〟、これ以上辛くて働けない状態を〝0〟としたときに、今の状態はいくつ？」と聞けば、より具体的に答えやすくなります。前日に〝8〟と聞いた後、次の日〝6〟になっていれば、「本人は比較的高い数値を答えているが、状態は悪化しているようだ」と、イメージがわきやすくなります。

コラム

■ 医療機関でよく使われる数値化

私は昨年、人工股関節置換の手術を受け、しばらく入院しました。手術後は毎日看護師さんが「今日の痛みは10段階で言えばいくつですか？」と聞いてきました。

これがもし「痛いですか？　大丈夫ですか？」だったら、私は多少の痛みがあっても「大丈夫です」と答えたことでしょう。

痛みの種類カード

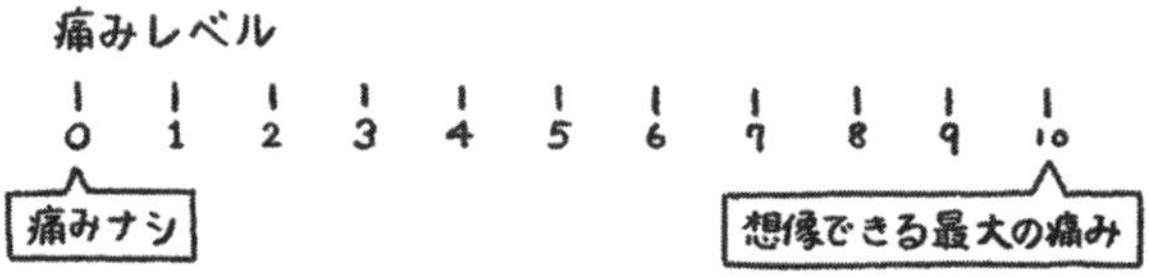

■ イラストで示す：簡素化ナッジ

自分の辛さを他人に説明するのはしんどいことですし、ようやく言葉にしたとしても、相手にはなかなか伝わらないものです。私自身、太ももを骨折して「痛くて死にそう」と悶絶している中で、「具体的にどれくらい痛い？」「痛みの種類はどんな感じ？　鈍い？　鋭い？」と聞かれても、うまく答えられませんでした。「きちんと言ってくれなきゃわからない」と言われても、辛い場面で適切に伝えるのは至難の業です。

このような場面では、しんどさの種類やレベルを書いたカードやアプリの絵文字を示すだけなら、ストレスも少ないです。皆で作るのも楽しいものです。職場で用意しておくのはいかがでしょうか。

■ 最初に「正直に言っていいんだよ」と伝える：心理的安全性ナッジ

最初に「正直に言っていいんだよ」と伝えることで、相手も言いやすくなります。

次の研究をご覧ください。

研究

英国の児童に「メアリーはお母さんとお兄さんと一緒に赤い車に乗って海に行きました。海に着いたら、皆で泳いでアイスを食べて砂遊びをして、お昼にはサンドイッチを食べました」と読み聞かせたうえで、以下の質問をした。

（1）車は何色でしたか？

（2）車の中で音楽を聴きましたか？

（3）食事と一緒にレモネードを飲みましたか？

結果は（1）はほぼ全員が正解（正解は「赤」）しましたが、（2）と（3）は76％が「はい」か「いいえ」と答えました（正解は「与えられた情報からはわからない」）。これに対し児童に「わからない質問には、わからないと言っていいんだよ」と指示したところ、大半の子どもたちは「わかりません」と言えました。

純粋な子どもたちでも、最初はその場を取り繕うような回答をしました。

プライドの高い大人は、ますますごまかす人が多くなると考えられます。これに対し、最初に心理的安全性を実感させることで言いづらいことでも口に出しやすくなります。

一方、一度相手が「大丈夫」と言った後に、「正直に言ってもいいんだよ」と伝えたとしても、相手は今さら「実は大丈夫じゃない」と言い直すのは気まずいものです。その意味でも、**最初に伝えることが重要**になります。

共有スペースをきれいにするには？

自宅のトイレはキレイに使う人でも、職場のトイレを汚したときにはそこまでキレイにしようとは思わないものです。これは自分のものに比べ、共有物には保有バイアスが働きにくく、愛着がわかないからです。このように**共有物の扱いが乱雑になる現象を「共有地の悲劇」**と呼びます。

共有地の悲劇は、元々は「農家は、自分の牧草地では牛に少しずつ牧草を食べさせるが、共有地ではそのような配慮が働かず、結果として共有地の牧草は枯渇し、全員が損をした」という文脈で使われました。

共有地の悲劇が起きやすい背景として、「他にも問題行動をしている人がいるから」「問題行動がバレにくいから」「問題行動の被害が自分に及ぶとは考えにくいから」などが挙げられます。共有地の悲劇の解決策として、オフィスにおける具体的な場面ごとのナッジを提案します。

■文具の整理には鏡とライト：モニタリングナッジ

文具ラックの中は、すぐにゴチャゴチャしてしまいます。また、文具を私用に持ち帰る人もどうしても出てきます。その要因として、文具ラックの中は暗く、往々にして誰の目も届かないことがあります。

これに対しては、ラックの中に鏡と自動反応式ライトを置くことをおすすめします（モニタリングナッジ）。誰にも見られていないという安心感があるから共有地の悲劇が起きるのです。これらがあると視線を感じ、文具の扱いがきちんとしたものになると期待されます。また、ラックの中にテープで線を引くのも有効です。それに合わせて整列させておきたくなる心理が働くからです（規範ナッジ）。

玄関のナッジ

マスキングテープで靴の位置を示すナッジ

コラム

■ 靴の整頓にも線

整理整頓が苦手な私ですが、上のイラストのように玄関にマスキングテープで線を引いたら、靴をそろえるようになりました。疲れて帰ってきたときでも、線をまたいで靴を置くのは気が引けるものです。このナッジは、会社でも物を揃える場面で応用ができます。

■ ゴミの分別促進にはメッセージ：利他性ナッジ

日本では、自宅ではペットボトルを75％は適切に分別しますが、職場を含む自宅以外の屋内では分別する人が36％まで減るそうです。自宅で分別が不十分だと回収してもらえないけれど、職場では「捨てた後のことまでは知らない」「回収業者がやれば済む」と考えてしまう、これこそが共有地の悲劇です。

このような場合、「あなたが分別をきちんとすると、作業員の皆さんが手で分別しなくて済み、感染症予防にもなります」といった他人を思いやる心へ訴求したメッセージが効果的です（利他性ナッジ）。

青森県庁ではゴミ箱にこのメッセージを掲示したところ、分別する人が増えました。「いつも見かける作業員が手作業で分別しているのか。迷惑をかけるのは申し訳ない」という気持ちをうまく刺激できたようです。

■会議室の後片付けには：モニタリングナッジ

会議室で前に使った人の後片付けが不十分な事態に遭遇すると、実に腹立たしく感じるものです。かと言って管理者がこまめにチェックして利用者に注意するのも大変ですよね。

利用者が自発的に後片付けするようになるには、「あなたの後片付け状況を見ていますよ」と、それとなく伝えるのがよさそうです（モニタリングナッジ）。それには、鍵を返すときに、「前の利用者の後片付けはどうでしたか？『きれいに片付けてくれてありがとう』『もっと片付けてほしいな』のどちらかを選んでください」と聞いてみてはいかがでしょうか。

これは「ありがとうシール（第4章参照）」を応用したもので、結果はあくまでも総務部内だけの掲示で、外部からははっきりと見えないようにします。全員に見えるとなると生々しくなり、反対意見が出てくる可能性があるからです。そして「ありがとうシール」が5ポイント以上たまった部署を発表する仕組みにすると、キレイに使いたくなるものです。

この仕組みが実現できない場合は、会議室の壁に「後片付けが不十分だと感じた場合は、総務部へ連絡してください。直前の利用者へ連絡し、すぐに片付けるように指示します」と掲示するのがおすすめです。会議が終わってオフィスに戻ってから電話を受け、次の利用者が見ている前で掃除をするのは、誰しも避けたいものです。実際に総務部へ苦情を言う人はあまりいないと思われますが、掲示があることによって、早めに会議を終わらせて、後片付けをするようになると推測されます。

■会議室の机にはゴミ入れ：アクセスナッジ

「会議のときに出た消しゴムのカスを片付けるのを忘れて帰ってしまった」という経験はないでしょうか？　ここで注目すべきは「消しゴムのカスを捨てたいと感じたタイミングで、捨てることができなかったこと」です。

これに対しては、机の上に空き箱（消しカス入れ）を置くことで解決できます（アクセスナッジ）。これは「犬の糞の放置に悩む地域で、飼い主に処理袋を渡したら放置が80％以上減った」という研究から着想を得ました。

すぐに処理できる環境が整っていれば、多くの人は後片付けします。小箱を置いて机がキレイになるなら、すぐにやったほうがよさそうですよね。

■ 箸を後片付けするには投票箱：ゲーム化ナッジ

社員食堂の食器返却口で、箸を返却ケースに入れずにお盆に乗せたまま帰っていく人が見られます。これでは食堂従業員に余計な労力をかけます。

自発的に返却ケースに入れてもらうためのナッジとして、返却ケースを3種類用意し、

「今日の味付けは？　A.濃かった　B.ちょうどよい　C.薄かった」

「来週の定食は何がいい？　A.鶏肉のカシューナッツ炒め　B.豚肉生姜焼き　C.牛タ

ン」

といった形で人気投票形式にしてみてはいかがでしょうか（ゲーム化ナッジ）。

箸を入れることに「投票行動」という意味を持たせるのです。

これは「タバコのポイ捨てが多かったサッカー場の周りに、〝世界一のサッカー選手は？　A.メッシ　B.ロナウド〟と投票できる吸い殻入れを設置したところ、ポイ捨てが激減した事例を参考にしました。

投票を通じ、自分の意見を伝えることができ、またそれがメニューに反映されます。さらに他の人も投票しているのを見て、自分も入れたくなるという効果が期待されます（同調ナッジ）。

第6章

ビジネスパーソンの行動経済学

—行動経済学は人生を変える

全体の総括として、行動経済学の面白さと、行動経済学を使って組織がどう変わるかを、私のエピソードを交えて紹介します。

行動経済学で人生がラクになる

思えば、私の若い頃は他人とかみ合わないことの連続でした。弱みを見せるとつけ込まれると思い込み、相手の些細な言動にかみつき、「こんな失礼なことをするなんて、懲らしめてやろう」という姿勢を取る一方、自分が間違ったときには、なかなか認めようとしませんでした。第1章で紹介した認知バイアスは、実は全て私に当てはまるものだったのです。そのため、大切な人が私のもとを去っていきました。

さすがにこのままではいけないと感じた私は、コミュニケーションの書籍を買い、ときにはコミュニケーションのセミナーにも参加して、私なりに改善を模索しました。それでも、コミュニケーションのすれ違いは続き、ストレスもたまる一方でした。

行動経済学はそんな私を救ってくれました。

行動経済学を知ったことで、私は2つのことが変わりました。

1つ目は、望ましくない行動をした人を見てもそんなに腹が立たず、「この人は認知バイアスをうまくマネジメントできていないようだ」「どんなナッジを使えばこの人を動かせるかな?」「どうしても動かすことができないなら、諦めよう」と俯瞰して考えられるようになったことです。

私は上司からパワハラを受けたことがあります。その上司は、私が指示通りに書類を作成したのにもかかわらず、私を1時間以上立たせながら「私はこんなことを言っていない！」「お前は幼稚園児か！」と怒鳴りつけたのです。

行動経済学を知っていた私は「この人は自信過剰バイアスや結果バイアスが強いんだろうなぁ」と観察することができました。そして、「ナッジの力でこの上司を動かすのは無理」と諦め、代わりに「私がこの上司から逃げようとしないのは正常性バイアスや現状維持バイアスのせいかも。これは、逃げないと危険」と、自分をナッジできました。もし行動経済学を知らなかったら、悲惨な状況になっていたと思います。

2つ目は、自分がつい失礼な対応をしたときには、すぐに謝罪できるようになったことです。「自分の認知バイアスの管理不行き届きだった」と考えると、プライドが邪魔することなく、素直にごめんなさいを言えるようになったのです。

行動経済学のおかげで、私は平穏な日々を手に入れることができました。今は人生がすっかりラクになり、深く刻み込まれた眉間のしわも、薄れたような気がします。二度とすれ違いばかりの生活に戻りたくありません。

相手に寄り添うということ

お互いに寄り添うコミュニケーションができれば、すれ違いが少なくなります。これに異論のある人はほとんどいないでしょう。

しかし、相手の何に対してどう寄り添えばよいのでしょうか? 以前の私は、これを漠然と「相手の気持ちや置かれている状況に対して傾聴し、共感することで寄り添える」くらいに考えていました。私はきちんと理解できていなかったから、誰にもうまく寄り添うことができなかったのです。

確かに相手の気持ちや状況に寄り添うことは大切です。でも、ビジネス現場では、相手の気持ちや状況を正確に把握できないことも多く、仮に把握できたとしても確証バイアスや結果バイアスなどが作用すると、どうしても歪んだ寄り添い方になります。それに相手がいきなり「あなたに寄り添いますよ」と距離感を詰めて来たら、正直怖いですよね。

そして傾聴することも大切です。しかし、関係者すべてに1 on 1ミーティングを行って傾聴するというのは時間的にも厳しく、真の意味での傾聴はよほどのトレーニングを積まないと難しいものです。傾聴のやり方がわからないまま、相手のことを根掘り葉掘り聞こうとすると、相手は心を閉ざす可能性が高まり、聞いた側も「勝手なことばかり言って」という気持ちが生まれやすくなります。

私が行動経済学を研究し続けてたどり着いた答えは、「相手の直感と認知バイアスに対して、ナッジを用いて寄り添うこと」です。

もしかしたら、研究者によっては異論があるかもしれません。でも、認知バイアスによってすれ違っているのがわかっている以上、認知バイアスに寄り添う姿勢が重要なことは間違いないです。自分の認知バイアスと相手の認知バイアスの方向性をうまく合わせることができれば、そんなにすれ違わないものです。寄り添うものの正体がわかったことで、私はコミュニケーションがスムーズになりました。行動経済学を学ばなければ、私は今でもすれ違いの泥沼から抜け出せず、ずっともがき苦しんでいたと思います。

簡潔に、明確にナッジを使う

クライアントに行動経済学のレクチャーをすると、「行動経済学が重要なことはよくわかった。でも、全てにおいてナッジを使うのは大変そう」という意見をよくいただきます。

これに対して私は、「仕組みを作る場面や指導するときだけでも、少し立ち止まって認知バイアスとナッジのことを思い出すのはいかがでしょうか。そしてどのナッジを使えばよいか迷ったときには、**『簡素化ナッジ』**と**『明確化ナッジ』**から始めてみるのがいいですよ」と答えています。

この2つのナッジをおすすめする理由は、どちらも「**メッセージを確実に伝えることでコミュニケーションのすれ違いを防いで、相手を動かす**」というシンプルなものだからです。

簡素化ナッジは、ノイズを取り除くことで、メッセージが伝わりやすくなります。とくに疲れているときは大量の情報を見たくないものです。そんなときこそ、簡素化ナッジを用いるとメッセージが届きやすくなります。

明確化ナッジは、ビッグワード（抽象度が高く解釈の余地が大きい言葉）対策になります。ビッグワードは汎用性があるため、ビジネスでよく使われますが、すれ違いの大きな要因になります。

ケース

「残業が多く業務見直しが必要だ」と考えた専務は、人事課長に「業務改善策を報告しなさい」と指示しました。すると締切日になって人事課長から「業務改善委員会を立ち上げることにし、規定案を作成しました」という報告が出てきました。

専務は「そんな委員会を作ったら業務が増えるじゃないか。お茶出しの廃止とか、もっと現場に合ったアイデアを出してほしかったのに」と答えました。

指示の意図と違っていたため、課長が苦労して作成したものはボツになり、そして新たな対応を講じなければいけなくなりました。ビッグワードにはこうしたすれ違いを生むリスクがあります。

私が通っていたアメリカの大学院の経営学の授業では、最初に「5W1Hで具体的に説明できるか？　を自分に問い、そして相手に確認すること」と教わりました。これこそが明確化ナッジです。

先ほどの業務改善の指示をするときには、「ここでいう業務とは、○○のこと」

「今、業務改善が必要な理由」「改善とは○○となる状態」「期限は○か月後」「○円までコスト投入可能」と5W1Hのように詳細が明確になるような様式を用意すれば、すれ違いが起きにくくなります。

私たちが明確化の必要性をあまり感じない背景に、日本語がハイコンテクストな言語であり、抽象的なままでも阿吽の呼吸で通じることがあります。海外企業とのビジネスでは、最初に5W1Hを明確にしないと話がかみ合いませんが、日本人同士では話が通じてしまうので、明確化する動機がわきづらいです。でも、最初に明確化しなかった分、走りながら考えることになり、迷走しやすく、そして納品してから「実は意図したものと違う」といったすれ違いが起きやすいです。

「最後になってようやく明らかになる」を「最初のうちに明確化する」ことで、コミュニケーションのすれ違いが防げ、労働生産性向上の一歩を踏み出せる可能性が高まります。「いつかやろう」を「今、やる」に変える。必要なのはこれだけなのです。

行動経済学のこれから

私は10年以上前、ある自治体にナッジ・ユニット（組織横断でナッジを推進するための

国内のナッジ・ユニット構築状況

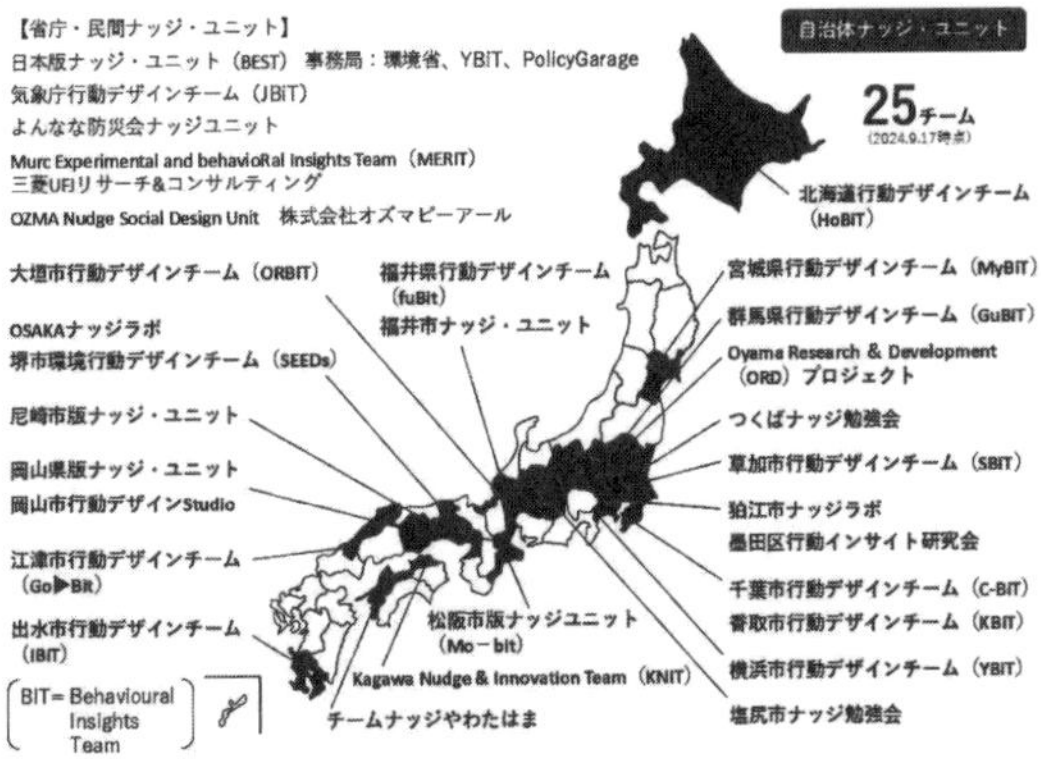

出典：自治体ナッジシェア

チーム）の設立を提案しました。しかし、当時は行動経済学やナッジの知名度が低く、仲間を集めることができませんでした。それから年月が流れ、全国に多くのナッジ・ユニットが設置されました。時代の流れを感じます。

行政でも企業でもナッジ活用の動きが加速しています。今後もこの流れは続くと予想されます。情報提供やインセンティブだけで人を動かせない場面が増えており、政府もナッジを推奨し、そしてナッジを学ぶ若い世代が増えていく中で、ナッジを使わない将来はイメージできません。

一方で「ナッジは人を操作する」といった誤解が根強く残っているようですが、他の手法でも人を操作する可能性は生じます

（偏った情報提供は偏った行動に繋がり、インセンティブや強制はお金や実力行使で本人の意に反した行動をさせる）。でも、ナッジは認知バイアスに訴求するという特性上、倫理的配慮が厳しく問われやすいのです。

ナッジは、認知バイアスの影響で望ましい行動ができずに困っている人をサポートするための手法です。だから社会善のために使うべきという前提があります。

しかし、ナッジの手法を、相手をコントロールするのに用いている事例が見られるのも事実です。これは行動経済学の目的を逸脱したもので、もはやナッジではありません。

もし、あなたの周りの人が望ましくない行動をしていたとしても、それは、その人が無知だったりだらしなかったりするのではなく、「ナッジもどき」に誘導されている可能性があります。そんなときは、あなたが行動経済学の知識を用いることで、ナッジもどきを見抜き、危険な誘惑を断ち切ることができます。だから行動経済学が重要になるのです。

これからは、「わが社ではコミュニケーションにナッジを使います。具体的にはこのようなナッジです」といった形で情報開示することが求められます。こっそり使うことで「ナッジは人を操作する」という誤解が生まれるのなら、透明化した上で、相手が納得してナッジを受け入れるようにすればよいのです。

ナッジは透明化しても効果が変わらないことがエビデンスにより示されています。私自身、ナッジを見かけると「これはよく設計されたナッジだ。気を使ってくれて嬉しい」と感じ、ナッジを喜んで受け入れています。このような関係が理想です。


私は、ビートルズの「Hello, Goodbye」の歌詞（はじめに参照）を「同じものを見ても楽観性バイアスの強い人はポジティブな面に注目し、否定的バイアスが強い人はミスが気になってしょうがない。認知バイアスがあるのですれ違う。これがわかっているから、きっとうまくやっていける」と解釈するようになりました（この解釈は作者のポール・マッカートニーの意図とは違うことでしょう。でも、音楽はサイエンスではないので、どう解釈しようが自由なのです）。

私は人間関係に悩んだら、「Hello, Goodbye」を頭の中で奏でるようにしています。とくにこの曲の「Oh, no ～」というフレーズが頭に浮かぶと、「まぁ、いいか」と、おおらかな気持ちになります。腹を立てそうになったら、「Oh, no ～」と口ずさむと、だいたいのことは素通りできるようになった気がします。

すれ違いが生じるのは認知バイアスの影響が大半です。認知バイアスに腹を立てるよりも、行動経済学を使ってすれ違いを乗り越える方法を考えたほうが、人生が楽しくなります。

組織も同じです。

認知バイアスの塊の中で腹を立てて過ごすより、行動経済学を使って組織を変えていくほうがずっと楽しいです。だから私はあなたに自信を持って行動経済学をおすすめします。

おわりに

私は2022年9月24日土曜日、TBSの番組「情報7daysニュースキャスター」でのナッジ特集コーナーに出演し、全国で使われているナッジの状況を紹介しました。放送後、大和書房の白井麻紀子さんから「ナッジでビジネスの悩みを解決する書籍を出版しませんか?」というオファーメールをいただきました。白井さんの熱意に心を動かされた私は、すぐに快諾しました。

本書の執筆中、私は二度の手術、病気の悪化、家族や親友の死と、いろんな出来事が重なりました。それでもナッジを駆使して乗り越えることができました。そして辛いことがあった分、他人の痛みがわかるようになった気がします。とくに私は更年期症状による不眠に悩まされ、今まで当たり前だったことができなくなりました。でも、そのおかげで「男性でもこんなに辛いのだから、女性はもっと辛いだろう」と気づき、女性から厳しいことを言われてもあまり腹が立たなくなりました。また、この時期に介入研究を中心とした論文を20本以上出版し、行動経済学の価値を再発見することができました。私が成長できた時期に本書を執筆できたのも、縁を感じます。

本書に掲載された事例の大半は、私のクライアントや顧問先の企業・団体から寄せられたものです。本書執筆に当たってはＩＱＶＩＡサービシーズジャパン合同会社、尾﨑隆人さん、ＩＱＶＩＡソリューションズジャパン合同会社、高橋浩司さん、青森県知事、宮下宗一郎さん、エーテンラボ株式会社、川口弘之さん、上村知聡さん、渋谷恵さん、村上真さん、オリンパス株式会社、竹林紅さん、グロービス行動経済学倶楽部、青山晃大さん、鎌田祥代さん、辛川力太さん、川田香奈さん、西條敬央さん、清水祐さん、鈴木研吾さん、古江眞美さん、山城美里さん、DeSCヘルスケア株式会社、佐々木勇人さん、西谷洋子さん、三宅朝子さん、ＨＡＲＡＰＰＡ株式会社、鈴木慶さん、ＮＰＯ法人ＰｏｌｉｃｙＧａｒａｇｅの皆さん、ユーシービージャパン株式会社、川野清伸さん、麻酔科医YouTuberみおしん先生の協力をいただきました。多くの皆さんの優しさに囲まれ、楽しく執筆できました。

行動経済学マニアの私は、本書の中に難解な数式や研究ネタを入れ込みたくなる衝動に駆られました。その衝動に抗うため、壁に「ビジネスの認知バイアスとナッジの話以外は書かない」と貼り紙をし、セルフナッジしました。それでも私が脱線しそうになったときには、チームメンバーが優しくナッジしてくれました。本書の執筆に当たっては、私の秘書業務を担ってくださっている上田明佳さんと畠山奨平さんがマネジメントしてくださいました。最高のメンバーのおかげで最高の本が完成しました。

そして、最後まで読んでくださった読者の皆さんに心から感謝します。ありがとうございました。

参考・引用文献一覧

本書の執筆に当たっては、主に『影響力の武器［第三版］：なぜ、人は動かされるのか（R.チャルディーニ，2014）』『不合理だからうまくいく　行動経済学で「人を動かす」（D.アリエリー，2014）』『行動経済学の使い方（大竹文雄，2019）』『スイッチ！「変われない」を変える方法（C.ハース、D.ハース，２０１３）』『NUDGE 実践 行動経済学 完全版（R.セイラー、C.サンスティーン，2022）』『世界の科学研究から導き出したコミュニケーションの大誤解（堀田秀吾，2022）』を参考にしました。具体的な引用文献情報を列挙します。スペースの都合上、筆頭著者と年号だけとさせていただきました。

第1章

・人は歳を重ねるごとに現在バイアスが強くなる傾向　Dohmen et al, 2011
・「ニュースが１００回報道された」と「事件が１００回起きた」を同一視してしまう　鈴木宏昭，2020
・白衣を着た医学博士が登場すると信じたくなる現象　Cialdini, 2014
・損失回避バイアスにより利得よりも損失を2.5倍強く感じる現象　Kahneman et al, 1991
・大学生が着た恥ずかしいTシャツを覚えていた人は21％　Gilovich et al, 2000
・高齢者はリスク回避バイアスが強く見られる　Richter et al, 2018
・内集団バイアスによって自国株を持ちたくなる　Thaler et al, 2009
・後知恵バイアスによって本当に「前からそう思っていた」と信じてしまう　Fischhoff, 1975
・後知恵バイアスの影響を完全に排除するのは難しい　Kim et al, 1998
・１人で綱を引いたときに比べ、人数が増えると力を弱める　Ringelmann, 1913
・家具を自分で組み立てると、既製品より5倍の愛着がわく　Ariely, 2014
・保有バイアスによって客観的評価より2倍以上高い評価　Kahneman, 2014
・90％のドライバーが平均よりも運転が上手だと思い込んでいる　Kruger et al, 1999
・本人よりも初対面の人のほうがＩＱを正確に予想できた　Borkenau et al, 1993

第2章

・コブラ捕獲にインセンティブを付与したら逆効果に　Heath et al, 2013

・ナッジの定義　Thaler et al, 2009
・ナッジによる健康づくりに関する世界の研究　Ledderer, 2020
・リスク回避バイアスの強い人ほどがん検診を受けたがらない　Picone et al, 2004
・イスラエルでの裁判官による仮釈放申請に対する承認率　Danziger et al, 2011
・Socialナッジによる節電　Allcott, 2011
・観光客による化石持出し　Cialdini, 1991
・青森県庁職員の健康教室　Takebayashi et al, 2022
・同調バイアスの古典的実験　Asch, 1956

第3章

・1時間座位を続けていると寿命が22分短縮　Veerman, 2011
・背筋を伸ばすとポジティブな気分になる　Wilkes et al, 2017; Nair et al, 2015
・課題の細分化　Ariely, 2014
・学生のレポート提出率　Cialdini, 1991
・残業の多い人の認知バイアス　黒川博文他, 2107
・期限延長を願い出てもクライアントの評価は下がらない　Yoon et al, 2019
・看護師の制服の色分け　大平久美他, 2019
・睡眠時間による経済損失額　Hafner et al, 2016

第4章

・叱責を受けた人は事務処理能力や創造力が約60%低下　Porath et al, 2009
・不快感を覚えた相手はリスク愛好性が高まる　Ferrer et al, 2014
・パワハラを見ている人たちもパフォーマンスが下がる　Porath et al, 2009
・謝罪を受け入れない人は6倍失礼な言動をされやすくなる　Wallace et al, 2008
・男性が女性の感情を読み取れるのは男性同士の約半分　Schiffer et al, 2013

・多様性のある組織はマーケットシェア改善の可能性が45%高く、新しいマーケットを獲得できる可能性が70%高い　Helwett et al, 2013
・多様性のある経営幹部はイノベーション分野の収益率が19%高い　Lorenzo et al, 2018
・マーケットで激しい競争にさらされている企業ほど女性を登用する　Ashenfelteret al, 1986
・多様性や公平性が進んだ組織では従業員の離職率が19%減る　CEB, 2008
・若い世代にジェンダーバイアスが強い傾向　内閣府, 2023
・バイアスによって評価が1%歪むと女性幹部は35%に減少　Richard F et al, 1996
・難民向け募金ポスター　Small et al, 2007
・大学生のレゴブロック　Ariely, 2014
・ホテル客室清掃員の減量　Crum et al, 2007
・70の法則　大竹文雄, 2022
・郷愁を感じると健康行動をしたくなる　Huang et al, 2016
・健康リスクが高い従業員はパフォーマンスが30%低下　古井祐司他, 2018
・特定健診で「所見あり」なのに、二次検査を受けない人が半分以上　Yamaguchi et al, 2024
・生活習慣の悪い人は現在バイアスが強い　Bisin et al, 2020; Wang et al, 2018
・日本で行われたワクチン接種のデフォルトナッジの研究　Takebayashi et al, 2024
・kencomの効果検証　Hamaya et al, 2021
・みんチャレの効果検証　Takebayashi et al, 2024

第5章

・メアリークイズ　Levit et al, 2015
・視線を感じると失敬する人が減る　Bateson et al, 2006
・日本でのペットボトルの分別割合　一般社団法人全国清涼飲料連合会, 2022
・飼い主に犬の糞の処理袋を渡したら放置が80%以上減少　Jason et al, 1979

■協力■

岡田芳樹さん（ＭＳ＆ＡＤインターリスク総研株式会社、上席研究員）
北村早紀さん（株式会社KICONIA WORKS、プロジェクトマネージャー）
信田幸大さん（カゴメ株式会社、健康事業部担当課長）
柴田喜幸さん（産業医科大学産業医実務研修センター、教育教授）
坪谷　透さん（一般社団法人みんなの健康らぼ、理事、総合内科専門医）
畑井謙吾さん（A-VENTURES株式会社、代表取締役）
堀田秀吾さん（明治大学、法学部教授）
松尾慎二さん（日鉄テックスエンジ株式会社、大分支店長）
樺山美夏さん

竹林正樹　プロフィール

青森県出身。青森大学客員教授。

立教大学経済学部、米国University of Phoenix大学大学院、青森県立保健大学大学院修了。Master of Business Administration、博士（健康科学）。

行動経済学を用いて「頭ではわかっていても、健康行動できない人を動かすには？」をテーマにした研究を行っている。ナッジで受診促進を紹介したTEDxトークはYouTubeで80万回以上再生。

著書に『心のゾウを動かす方法』（扶桑社）、共著に『介護のことになると親子はなぜすれ違うのか』（GAKKEN）などがある。

ビジネスパーソンのための
使《つか》える行動経済学《こうどうけいざいがく》
ナッジ理論《りろん》で人《ひと》と組織《そしき》が変《か》わる

2024年11月5日　第1刷発行

著　者　竹《たけ》林《ばやし》正《まさ》樹《き》
発行者　佐藤　靖
発行所　大和《だいわ》書房
東京都文京区関口1-33-4
電話　03-3203-4511

ブックデザイン　山之口正和＋高橋さくら（OKIKATA）
イラスト　アツダマツシ
校正　鷗来堂
本文印刷所　厚徳社
カバー印刷所　歩プロセス
製本所　小泉製本

ISBN978-4-479-79814-9

http://www.daiwashobo.co.jp